物质文化遗产数字展示与传播

庞涵月　王瑞君　于晓玲 ◎著

中国书籍出版社
China Book Press

图书在版编目（CIP）数据

物质文化遗产数字展示与传播 / 庞涵月，王瑞君，于晓玲著. -- 北京：中国书籍出版社，2024.6.
ISBN 978-7-5068-9917-8

Ⅰ.G122

中国国家版本馆 CIP 数据核字第 2024G7X723 号

物质文化遗产数字展示与传播
庞涵月　王瑞君　于晓玲　著

图书策划	邹　浩
责任编辑	吴化强
责任印制	孙马飞　马　芝
封面设计	博建时代
出版发行	中国书籍出版社
地　　址	北京市丰台区三路居路 97 号（邮编：100073）
电　　话	（010）52257143（总编室）　　（010）52257140（发行部）
电子邮箱	eo@chinabp.com.cn
经　　销	全国新华书店
印　　厂	晟德(天津)印刷有限公司
开　　本	710毫米×1000毫米　1/16
印　　张	12.75
字　　数	240千字
版　　次	2025 年 1 月第 1 版
印　　次	2025 年 1 月第 1 次印刷
书　　号	ISBN 978-7-5068-9917-8
定　　价	78.00元

版权所有　翻印必究

前　言

物质文化遗产作为人类文明发展的历史见证，承载着丰富的历史信息和文化价值。在全球化和信息化的浪潮中，如何有效保护和传承这些宝贵的遗产，使之与现代社会相融合，成为一项紧迫而重要的任务。物质文化遗产的数字展示与传播，不仅能够拓宽其影响力，增强公众的文化认同感，还具有重要的社会效益和经济意义。数字化技术的运用为物质文化遗产的保护与传播提供了新的途径。通过数字化手段，文化遗产能够以更加生动、直观的方式呈现给公众，增强了互动性和体验感，使得文化遗产的传播不再受地域和时间的限制。此外，数字化展示还有助于文化遗产的长期保存和研究，为学术研究提供了丰富的资源和便利的条件。在经济层面，数字化展示与传播能够吸引更多的游客和观众，推动文化产业和旅游业的发展，为社会经济带来新的增长点。

本书是一本深入探讨如何利用现代数字技术保护和传播物质文化遗产的专业著作。本书从文化遗产的起源、构成及其持续价值出发，系统介绍了中国丰富的物质文化遗产，包括古代建筑、古典园林和古城民居。书中详细阐述了古建筑遗产的数字化保护技术，包括古建筑的价值与特点、改造方法和虚拟复原技术。同时，探讨了虚拟博物馆的开发与建设，数字博物馆和虚拟展示系统的设计与实现。本书还着重分析了文化遗产的数字化重构与展示策略，以及文化遗产与文化产业的结合。最后，对物质文化遗产的数字化传播进行了全面讨论，包括传播主体、模式、效果和策略，旨在为物质文化遗产的保护、展示与传播提供理论指导和实践参考。

在撰写本书的过程中，作者深感责任重大。物质文化遗产的数字化展示与传播是一个多学科交叉、技术与艺术相结合的领域。尽管作者尽力在书中提供全面而深入的分析，但由于个人视野和知识的局限，书中可能存在不足之处。希望读者和同行能够提出宝贵的意见和建议，共同推动物质文化遗产的数字化展示与传播事业的发展。

目　录

第一章　文化遗产 ... 1

第一节　文化遗产的产生与构成 ... 1
第二节　文化遗产的持续价值 ... 5
第三节　文化遗产价值的评估 ... 16
第四节　文化景观的价值 ... 19

第二章　文化遗产中的建筑艺术 ... 29

第一节　古代建筑 ... 29
第二节　古典园林 ... 46
第三节　古城民居 ... 61

第三章　古建筑遗产的数字化保护技术 ... 70

第一节　古建筑的价值与特点 ... 70
第二节　古建筑的改造 ... 79
第三节　古建筑的虚拟复原技术 ... 95

第四章　虚拟博物馆的开发与建设 ... 99

第一节　数字博物馆的设计与实现 ... 99
第二节　虚拟展示系统的设计与实现 ... 108

第五章　文化遗产的数字化重构与展示 ... 124

第一节　文化遗产数字化重构 ... 124
第二节　文化遗产数字化展示策略与技术应用 ... 128
第三节　文化遗产与文化产业 ... 142

第六章　物质文化遗产的数字化传播 …………………………………… 155

第一节　物质文化遗产的数字化传播主体 ………………………… 155

第二节　物质文化遗产的数字化传播模式 ………………………… 166

第三节　物质文化遗产的数字化传播效果 ………………………… 176

第四节　物质文化遗产的数字化传播策略 ………………………… 186

参考文献 ……………………………………………………………… 197

第一章 文化遗产

第一节 文化遗产的产生与构成

历史文物通常指的是古代遗留下来的具有重要历史、艺术或科学价值的物品。这些文物可能包括古代的陶器、雕塑、绘画、金属器物、珠宝、纺织品、书籍和手稿等。它们不仅反映了当时的工艺水平,也体现了当时的社会文化和审美观念。

历史建筑包括宫廷建筑、祭祀建筑等,这类建筑体现了人类对多元化美学的追求和对人居环境的追求。对于民众来说,建筑提供了安全的庇护,是安身立命的重要场所;对于国家和地区来说,建筑是展示国家形象和社会文明成果的一种手段。

人类文化遗址是指人类活动留下的遗迹,包括古城遗址、古墓葬、古代道路、水利工程等。这些遗址为我们提供了了解古代人类生活方式、社会组织和技术水平的直接证据。

重要历史事件发生地,包括国家举行庆典所在地等,这些地点是文化遗产的构成之一。其因为能够唤起一个国家或者民众的集体记忆而具有存在价值。

重要遗址包括古人类活动遗址、战争遗址和自然灾害遗址等,这些遗址具有多元化的价值,有些遗址虽然具有显著的教化功能,但是这些遗址的规模和价值存在差异。

重要文化场所包括图书馆、博物馆、歌剧院、寺院等,是一个区域或者城市文化发展的象征。这些场所都分布着重大文化景观工程,是文化建设的实体化展示。

除了以实体形式存在的文化遗产外,非物质文化遗产也是重要的文化遗产构成。中国是目前世界上非物质文化遗产最多的国家,显示了其在长期发展中的丰厚积淀和显著成就。开发非物质文化遗产的价值是文化产业发展的重要内容。

一、经典建筑

经典或者知名的建筑是实体类文化遗产的重要构成部分，一些其他文化遗产也需要建筑作为庇护场所或者展示场所。因此，建筑在文化遗产中具有重要价值。建筑凝聚了丰富的文化符号，是了解人类文化行为的重要方面。

（一）宫廷建筑

宫廷建筑就是传统社会的皇家建筑，即国家最高统治者处理政务和居住的建筑群落，是统治者在长期治理国家过程中逐步兴建的具有重要历史文化价值的建筑群落。例如，法国的凡尔赛宫、俄罗斯的克里姆林宫、中国的故宫等就是宫廷建筑的典型例子。这类建筑通常成为国家政权和国家形象的象征。

（二）人居建筑

人居建筑包括很多内容，如私人庄园等。这些建筑通常因重要历史人物曾居住，在日后成为旅游景点和文化资源，并形成各类文化遗产，具有个性化。一些地区通过对这些人居建筑进行恢复来强化文化景观的吸引力，发展乡村旅游等产业。例如，浙江杭州的胡雪岩故居就是人居建筑的典型例子。

（三）地标建筑

城市一般都有地标性建筑，这是城市形象的重要标志。由于能够迅速提升城市知名度，所以城市都比较重视地标性建筑的规划与设计。从历史上看，很多城市特别是欧洲城市市政厅是地标性建筑。地标性建筑的特色或者在于建筑高度，或者在于建筑风格和规模，或者在于建筑的文化内涵。历史上兴建的很多地标性建筑都产生了深远文化影响。

（四）其他建筑

与乡村相比，城市具有更加多样的建筑类别。一些建筑是为了庆典、体育赛事等活动专门兴建的,这些建筑也是文化遗产的构成部分。一些新建的建筑因为其艺术价值等将成为未来的文化遗产,如北京奥运会体育场馆水立方等,在未来会对社会文明产生很大的价值。

二、重大事件发生地

重大事件由于在人类文明中具有显著价值和长远影响,因此这些事件的发生地往往成为重要的文化遗产。

(一) 重要历史事件发生地

重要历史事件发生地往往有文化方面的价值,如国家成立举行大典的地方就属于这类文化景观。这些地方往往被称作具有集体记忆的地方,很多大规模的集会活动等在这些场所进行。历史上发生过重大战役的地方往往成为人们纪念的场所,也成为重要的文化遗址。

(二) 重要会议举办地或者重要文件签署地

重要会议的举办和重要文件的签署是历史发展中的重大事件,这些事件的发生地往往成为重要的文化遗产。例如,中国革命历史上的遵义会议举办地等。在这些地点发生的事件对于人类文明进程具有显著影响,因为这些事件都直接影响了世界的发展格局和经济社会的发展状态。

(三) 重要文化、体育等活动举办地

一些城市具有举办国际性文化体育活动的条件,如雅典作为奥林匹克运动会的发源地得到国际社会的广泛关注。这些举办地之所以能够成为文化遗产,是因为其具有建筑文化符号及一些重大事件的历史痕迹。

(四) 其他重要场所

一些重要的工程项目场所也属于文化遗产的范畴,或者具备类似文化遗产的特征和属性,如三门峡水利枢纽工程和三峡水利枢纽工程都是国家级的重大工程,因

此成为具有文化价值的场所。对于那些将来具有文化价值的重大工程项目所在地，特别是重大科学技术工程项目所在地的各类景观，应该着力进行规划与保护，以便发挥其长久的教育服务价值，如酒泉卫星发射中心、西昌卫星发射中心等。

三、重要文化场所

重要文化场所主要指歌剧院、图书馆、寺院等。这些场所是人类文化行为的集中发生地，其中某些文化场所也是重要的文化遗产和文化景观。

（一）演艺类文化场所

演艺类文化场所是进行某种形式文艺表演的场所，如歌剧院、音乐厅等。这类场所既能够集中体现艺术等专业领域的成绩，也承担国家庆典演出等重大文化活动。需要说明的是，中国乡村地区分布着广泛的戏楼等，这是民间庙会等文化活动的重要场所。随着人口向城市集中，一些地区的庙会衰落了，导致这类文化演出的场所也处于闲置状态。这是文化事业管理中必须注意的问题。

（二）展示类文化场所

展示文化场所以集中展示某种文化产品或者提供某种文化服务为主要功能，如中国文学艺术馆就是展示文学创作成就的文化场所。此外，各种形态的展览馆也是展示类文化场所，这些场所具有市场交换的功能。展示类文化场所因为集中展示文化领域的各类成果，具有强化游客体验感的作用，因此成为各个城市非常重要的文化景观。不过，由于比较优势丧失等，导致一些展示类文化场所存在被闲置的问题，这需要通过规划和设计进行盘活，以便切实发挥空间和土地资源的价值。

（三）交易类文化场所

交易类文化场所专门从事艺术品交易，如拍卖公司。这些场所实际上也是商业场所，对于文化产品与服务的价格形成等具有显著影响。

（四）创作类文化场所

这类场所主要给艺术家以及相关工作人员提供创作和研究的平台，如中国文化艺术研究院等。还有一些单位的创作基地、实践基地等都属于创作类文化场所。有些文化场所建设在大学校园等具有丰富文化气息的环境中，吸引了很多具有潜力的学生和各类专业人才集聚，对于推动各类文化作品创作和文化产品交易等具有较大价值。

（五）综合类文化场所

历史文化博物馆之类的场所，如大英博物馆等，就属于综合类文化场所。这些场所不仅发挥着学术研究等方面的专业性服务作用，而且发挥着服务大众观光等一般性作用。随着城市文化旅游综合体的发展，这类场所与一些房地产项目结合，发挥了空间联合体的强大集聚效应，成为城市文化产业战略性拓展的重要方向。

第二节　文化遗产的持续价值

文化遗产价值表现为教化价值等多个方面，也就是说，文化遗产价值本身是多元化的，有些价值是主观评价方面的，有些价值则是客观方面的，对这些价值进行讨论和分析对于评估文化遗产的总体价值来说十分重要。

教化价值主要指文化遗产对民众身心、知识及技艺方面的价值。在文化遗产保护中应该将教化价值放在首要位置，保证其他价值不与其相冲突，或者减损其教化价值。开展文化遗产的教化价值评估对于认识其价值结构十分重要。

美学和艺术价值主要指文化遗产中展示的艺术手法等，是后续艺术创作的重要借鉴和资料来源，这些价值已经被诸多行业的发展所证明。很多文化遗产的美学和艺术价值具有恒久性，开发这些价值是强化文化遗产服务能力的重要内容。

学术研究价值主要指文化遗产对于后来者研究当时的经济、社会和人文等方面所提供的资料、数据等的价值。这种价值会随着文化遗产的开发状况发生变化，经济文化学者需要开发工具来评估这种价值的形态和规模等。

传承与遗赠价值主要指文化遗产给子孙后代带来的文化福利方面的价值。根据不同的规模及价值，文化遗产有私人传承与遗赠、公共性传承与遗赠等多种形式。一般来说，一个城市或区域的文化资产存量与后代所享受的文化福利之间存在正向关系。

文化遗产价值的货币化评估既是重要问题，也是学术研究的一个主要探索方向。城市文化总资产等概念应该被应用到这种评估中，这种评估的重要性在于让人们更加深刻地认识和感知这些文化遗产的多元价值。不过，也需要防止过度货币化评估带来的不良外部性问题。

那些严重破坏文化遗产导致价值损耗的行为应该受到道德上的谴责，文化资产的增值或者保值应该成为文化事业和文化产业发展的重要指标。地方政府应该基于文化遗产的实际价值进行文化遗产保护和文化景观建设，要特别注重这些遗产和景观的长期历史价值。

一、教化价值

教化价值是文化遗产重要的价值构成，这种价值既有正面的又有反面的。比如，修筑长城给予了人们很多教育，而秦朝后期的大量征用民力导致的反抗则给予了人们深刻的启示。这不仅对国家治理者有启示，对于一般民众也具有很强的启示作用。可以说，很多文化遗产是通过潜移默化的影响来增进对民众的教化作用的。

（一）文化遗产教化价值的发生

不是所有的文化遗产都具有教化价值，或者说不同文化遗产的教化价值存在差异。很多文化遗产的其他价值与教化价值融合在一起，难以对教化价值进行分离。

从一定程度上来说，文化遗产发挥教化价值的程度与不同主体的身心状态存在关联性。换句话说，对于不同的主体，文化遗产所能发挥的教化价值存在差异性。虽然这种差异性给评估教化价值带来诸多困难，但这是显著存在的事实，在进行价值评估时必须面对和解决这个问题。可以通过不同群体的学养及行为模式特征来判断这些价值的差异。有些教化价值虽然发生在儿童阶段或者更小的年龄阶段，但具有终身影响。因此，评估文化遗产价值需要进行长时间跟踪性研究。

（二）发挥文化遗产的教化价值

如果重视商业开发或者为了更好地发挥商业价值等，就会在一定程度上削弱文化遗产的教化价值。不过，各地在开发文化遗产的教化价值方面采取了一些措施。

一是着力强化文化遗产的宣传。二是着力让公众了解文化遗产的内涵。不同文化遗产具有不同的内涵，从而具有不同的教化价值，如河北承德避暑山庄就是中国皇家园林的经典建筑，对于了解传统中国皇家生活具有一定的价值，这些建筑的建设理念和蕴含的哲学思想等对公众有一定的教化作用。三是着力通过技术工具强化教化价值。在移动互联网时代，应通过这些网络工具将文化遗产的价值推广到公众面前。很多文化遗产管理机构推出微信公众号等就是强化教化价值的举措。四是着力通过转换和改造等方式提高文化遗产的教化价值，主要通过改建、扩建和增加一些教化设施来强化教化功能。

（三）文化遗产发挥教化价值的若干案例

很多文化遗产的教化价值通过公共行为模式产生，如某些文化场所举办的讲座等。在一些活动场所，群众自发地进行公益和慈善事业，这就是教化价值的直接体现。此外，大量培训机构举办的培训在很大程度上也体现着一种教化价值。

（四）文化遗产教化价值的评估

文化遗产教化价值因为难以积累大量数据而存在诸多评估难度。此外，教化通常是通过公众心理及行为体现出来的，而这方面的测度方法还存在很多问题。捐赠行为在一定程度上能够体现出文化遗产的教化价值，因为公众在公开场所表现出了比平常更强的捐赠意愿和捐赠行为。此外，还有一些公众在文化遗产等场所从事慈善与公益活动，这也体现出文化遗产的教化价值。长时间的数据和资料积累有助于更加深入地分析文化遗产的教化价值。

二、美学和艺术价值

具有艺术偏好的人总是对文化遗产中的艺术内容及形式有着浓厚的兴趣。实际上，有很多人将此作为自己的职业或者业余爱好。不仅如此，很多文化遗产对于大众来说也具有美学和艺术方面的价值，这可以通过行为方面的特征进行刻画和分析。

（一）艺术创作方面的价值

文化遗产对于一些领域的专业人员，具有显著的创作依托或借鉴价值。在摄影、电影拍摄、绘画、写作等艺术创作活动中，文化遗产能够提供符号、意象等方面的价值。例如，《红楼梦》中的大观园，就是以现实社会中的王府为原型，借助现实景观进行创作的典型例子。可以说，文化遗产能够衍生出很多文化产品和文化服务，这是其美学和艺术价值的重要方面。只要文化遗产存在，这些价值就可以被长久体现。而且，因为很多艺术创作活动是基于文化遗产展开的，所以这也可以被看作文化遗产的间接价值。

（二）公众的审美价值

大众从文化艺术活动中获得美的感受，或者进行一些审美活动过程，不管是否进行相应的货币支付，这种审美活动都已经发生，这是文化遗产审美价值的体现。如果需要进行严格计量的话，那么这种审美价值可以通过放弃劳务获得收入的价值来进行计量。当然，还要包括他们为了获得这些机会而支付的交通费用等。

此外，一些公众对文化遗产仿制品的购买和收藏也可以看作审美价值的货币化支付，如购买埃菲尔铁塔模型进行收藏等。尽管大众购买的不是文化遗产本体，但购买的艺术品是基于文化遗产而产生的，因此可以看作一种文化遗产的间接价值。

（三）其他价值

对于艺术和审美价值来说，其他价值中一个重要的问题是不同人群的价值加总。虽然大家支付了相同的旅行费用体验文化遗产，但是不同主体显然具有不同的主观价值评价。因此，如果要全面体现文化遗产的真实价值，就应该考虑这些主观评价的差异。有些主体可能获得了比实际支付更高的主观价值，有些主体则可能获得了比实际支付较低的主观价值。不过，从一般性经验事实看，这些价值往往超过实际支付的货币数量。因此，仅仅通过货币支付计算可能低估了文化遗产的真实价值。期望价值仅仅是一种主观价值，但是会在一定条件下转化为现实消费行为。从经验事实来看，专业人员比大众更具有较高的期望价值，以及更容易比大众将这种期望价值转化为现实创作等方面的价值。因此，如果想更加精确地计量文化遗产总的审美和艺术价值，就需要对专业人员和一般大众进行区别，不能采取简单平均化的方式进行评估。

三、学术研究价值

中国是文化遗产和文化资源丰富的国家，开展对文化遗产的多元化学术研究，对于丰富和繁荣学术活动具有显著价值。重要的是，这些研究过程通常是文化传播的过程，也是文化遗产等资源被大众逐步接受和认知的过程，这个过程有助于公众获得更多文化福利。

（一）学术研究价值的内涵

学术研究是专业人员通过各种资料、数据、文献等分析和探索一些专业性问题，并提供咨询与决策服务。比如，有些学者专门研究敦煌学，为传统文化、文物保护等提供决策服务。学术研究工作的规模和水平是社会文明程度的重要标志。

文化遗产的学术研究价值很高，因为这些研究除了满足专业人员的知识需求外，也对大众有传播作用。研究人员的研究成果展示本身就是向大众传播的过程。这些展示增加了人们对文化遗产，特别是对文化遗产价值的了解，并激发了人们保护文化遗产的意愿。此外，学术研究的成果还在一定程度上发挥着对公众的教化作用。

(二) 学术研究价值的领域

文化遗产在哲学、历史、地理、经济、文艺等领域具有学术研究价值。一些研究成果直接建立在对这些文化遗产的考察、管理等方面，而另一些研究成果对文化遗产价值的再开发具有重要的指导和参考价值。

根据目前整个文化遗产领域的情况，主要从以下几方面进行研究。一是对文化遗产价值评估进行研究。目前，针对文化遗产等文化资产的研究虽然逐步深入，但是区域和城市的文化资产还没有公布具体资料。这主要是因为核算和价值计量等没有统一标准。因此可以通过构造区域人文发展指数（RHDI）等形式来进行文化遗产价值评估，或者将文化遗产价值作为构造区域人文发展指数的重要内容。二是对文化遗产的空间分布及异质性等问题进行研究。空间分布及异质性是造成文化遗产价值差异的重要原因。这是评估文化福利或者构造区域人文发展指数应该切实注意的问题。三是对文化遗产保护问题进行研究。这方面的研究主要是从保护措施、经费来源等方面进行。各类专业技术人才更多从事这类研究，如保护经典建筑的具体技术创新等。四是对文化遗产价值传播问题进行研究。价值传播问题是价值评估问题的延伸，因为各个国家的国情不同，所以文化遗产的价值传播还存在很大差异。五是对文化遗产的其他问题进行研究。

(三) 学术研究价值的评估

因为学术研究是人类活动中具有一定知识和技术含量的活动，所以文化遗产的学术研究价值既在各个国家存在差异，也在不同行业领域存在差异。总体上可以从如下几个方面进行评估。

一是为专业人员提供职业发展基础。一些人需要以对文化遗产进行学术研究为职业，对于丰富社会行业具有显著价值。此外，研究机构和行业为人们提供了就业机会，解决了一些民生问题。因此，如工资性收入以及社会服务性收入等都可以作为学术研究价值的构成内容。二是为文化遗产的传播与推广提供服务。学术研究人员和研究机构进行了大量关于文化遗产的整理、传播与推广工作，公众通过这些服务来增进对文化遗产的了解。因此，大众的文化遗产知识以及由此产生的其他价值应该计算在学术研究价值中。三是一些学术研究产生外部性效应。一些研究成果被企业利用，并实现商业价值；一些研究成果被直接作为有关企业开发文化景观的案例；一些学者的建议被政府部门采纳并发挥实际的建设性作用，乃至有些研究成果成为创新领域人才的重要基础材料和灵感来源。这些都是学术研究的外部性效应。

四、传承与遗赠价值

传承文化是历史责任和重大使命。然而，文化遗产的传承与遗赠等行为有主动和被动之分。有些文化遗产之所以能够被传承，是因为在当初规划与建设时是一种主动的传承与遗赠。实际上，很多文化遗产虽然在被构造或者被建设时并没有显著地考虑对后代的价值，但这些文化遗产给后代带来了诸多文化福利，也创造了一些经济价值。刻意设计和规划对后代有重要价值的文化项目，在历史上比较少见。不过，具有超前眼光的人总是能够超越历史来创造价值，仍然有相当数量的文化遗产对后人具有重要的文化福利作用。

（一）文化遗产传承与遗赠的动机和条件

传承与遗赠价值是文化遗产价值的重要成分。一些主体的确具有将文化遗产进行传承与遗赠的动机，这些动机来自对后代福利的关怀，或者对文化遗产价值的珍视，因此很多主体将此看作一种历史责任。从历史角度来看，官方的文物文化机构为此做了很多工作，其中包含直接将文化遗产进行传承与遗赠。这些工作显然并不只是考虑当下的社会需求，而是具有长远传承的动机。

要真正实现文化遗产的传承与遗赠需要很多现实条件，包括文化遗产自身的价值大小是否满足等。此外，我们难以判断不同时代的人是否存在文化遗产传承的显著差别，但是那些具有文化传承习俗或惯例的民族往往具有较强的传承意愿。不过，这种传承仍然受到各种因素影响，导致传承效果存在很大差异。从现今城市建设等方面来看，规划和设计留给未来子孙的文化遗产项目比较少，这是目前文化传承与遗赠动机弱化以及保障条件不足的体现。实际上，人类很多活动的动机、意愿和行为之间是难以统一乃至存在冲突的，很多经验事实证实了这一点。

（二）文化遗产传承与遗赠的行为

尽管文化遗产的传承与遗赠动机比较复杂，但我们还是看到了大量文化遗产传承与遗赠。这些行为的发生在于当代人看到了这些文化遗产对于后代人的价值，或者希望后代人能够继续保持或者拓展这些文化遗产的价值。因此，当代人既有可能希望后代人从文化遗产中获得福利和收益，也有可能希望后代人能够继续拓展这些文化遗产的价值。这两个方面的考虑是文化遗产传承与遗赠行为发生的重要原因。

实际上，作为公共治理的目标和任务，很多国家将文化遗产的传承看成重要内容。以我国为例，历史上多次组织学者修编史书和重要典籍，就是典型的文化传承与遗赠行为。不过，从行动主体来看，一些传承和遗赠则是在民间进行。公共文化机构因为战争及其他不确定性事件导致文化遗产的灭失，而民间机构则因为各种原因能够相对完好地保留和传承文化遗产。因此，政府不应该忽略民间传承主体的重要性。

（三）文化遗产传承与遗赠的效应

如果连续观察人们的文化行为，就会发现这些传承与遗赠行为发生的效应结果是复杂的。一些文化遗产因为传承和遗赠而得到保护并发挥了很大的经济效应，当然也可能与多数主体的预期存在差异。历史悠久的国家往往会留下宝贵的文化遗产，这些遗产至今还在发挥着教化等重要价值。不过，后代人传承文化遗产的行为发生分化，导致了实际行为和目标的偏离，造成一些文化遗产的消失或者毁灭，这也是历史发展的经验事实。因此，所谓基于传承和遗赠而发生的永久性价值，对很多文化遗产来说是相对的，这在评估时要切实注意和区分。

此外，还有一些地区和城市保留了一部分文化遗产景观，这是规划等方面的约束造成的，因此发挥的效应并没有预期中的那样充分。对此，需要针对不同的区域和城市进行具体研究，并放在特定历史情境中进行分析。换句话说，要将文化遗产的遗赠程度及其效应作为衡量区域人文发展指数的重要内容。

（四）关于文化遗产传承与遗赠问题的讨论

理论界和一些知名人士在强化文化遗产传承与遗赠的重要性，并为此采取了一些切实行动。不可否认的是，这些人士本身具有文化情结，这种文化情结让他们对文化遗产的价值评估更高。但仅仅是保护这些遗产的存在价值，就会造成公共财力等方面的压力，因此对那些不能带来经济收益的文化遗产，长期消耗财力进行保护的价值并不大，要有选择地行动，而不是漫无边际地全面保护，应当通过评估将那些具有一定商业价值从而能够通过收益来维护可持续发展的遗产进行重点保护，而不是全部平均分配资金，造成文化遗产保护领域的财力耗损。在这个问题上，经济学者和文化学者经常出现分歧，文化学者的理想目标需要现实支撑条件，特别是公共财力条件和各类保护项目的具体技术条件等，因此保护只能是一种有限保护。

五、商业价值

文化遗产和自然遗产的结合发挥着强有力的商业价值，人们对此类文化景观的偏好确实超过其他文化景观。因此，通过构造人工景观来强化商业价值成为很多主体项目的选择。

（一）商业价值的存在基础

总体来说，文化遗产实际上是一种文化资源，这些资源被商业化开发，并成为当地经济增长的重要方式。商业价值是文化遗产价值的重要组成部分，一些区域或者地方政府开发文化遗产主要是开发其商业价值。

商业价值的存在是由人的行为选择决定的，人具有选择符号和环境的主观意愿。一般来说，人们更加热衷于在环境价值高的区域和城市活动或者消费，由文化符号和自然环境构成的文化景观自然成为人们更加偏好的存在，这为文化遗产的商业开发提供了消费行为学基础。

（二）文化遗产的商业化经营

文化遗产是一种公共资源，具备商业化经营的条件。目前，多数文化遗产存在商业化经营问题，这种经营通常由专业组织来运行。很多遗产管理机构需要正常运行，在财政资金有限情形下，其通过成立诸如文化公司之类的实体来做文化遗产经营管理。

多数文化遗产商业经营具有如下特征。一是商业化经营能够通过专业组织来提供更好的文化服务，增强文化消费体验感。二是商业化经营对一些文化遗产进行深度开发，如河南省开封市清明上河园等文化经营单位开发的"岳飞枪挑小梁王"等情景展示。三是商业化经营较好地体现了文化遗产价值。商业经营通过货币支付量等体现文化遗产的价值，这些是进行文化遗产价值评估的重要数据支持。四是商业化经营在一定程度上有助于持续推进文化遗产保护。为了获得持续收益，有关主体会根据文化遗产状态进行保护，以便拓展和提高这些收益，而经营性收益是提供这些保护的重要资金支持。

（三）商业开发的外部性问题

对文化遗产的过度商业性开发会导致某些不良外部性问题，主要体现在以下方面。一是废弃物等排放量的增加影响环境质量。这个问题在知名景区表现突出。为了收集和处理这些废弃物，景区管理者组建了专门的组织进行处理，但增加了大量设施和人工成本。二是一些文化产品的垄断价格增加公众负担。文化产品垄断性价格的形成与文化遗产的控制性经营有关，这是基于特殊资源的一种价格索取行为，在一定程度上增加了文化消费成本。三是一些经营行为可能存在破坏文化遗产的风险。如有价值的文物展示可能存在文物损失的风险。四是过度商业化的其他外部性问题。产权改革是降低不良外部性的一种方式。由于文化遗产是公共产品，存在产权虚置的情形。部分文化遗产在适度产权结构下可以被更好地保护和经营。

（四）商业化开发的其他问题

文化遗产是一种稀缺资源，具有多元化价值。不过，政府的财力和民众的保护意愿是有限的，动机、愿景和行动之间的非统一性是人类很多行为的特征。因此，文化遗产保护需要考量成本—收益等基本问题，没有必要对文化遗产实施过度保护，造成严重的财力损失。这就需要实现一种优化的政策设计，发挥政策工具作用，开发文化遗产的多元价值。在文化遗产保护经济学中，存在以下重要问题。

1. 文化遗产保护的区域性、行业性竞争

出于政绩或者强化地方文化吸引力等因素的考量，各地在保护文化遗产方面存在竞争，这种竞争虽然具有提高公共文化服务的效应，但实际上是一种商业化目标的竞争，这种竞争具有正向价值，给公众提供了大量的文化产品和文化服务。不过，也需要看到这些竞争背后存在的问题。比如，一些地区存在过分追求规模化导致的景观结构趋同和低水平饱和；一些地区为了强化商业价值削弱了文化遗产的其他价值等。

2. 是选择性保护还是全面保护

由于财政资金有限，有些文化遗产不能被全部保护，只能是被选择性保护，这是理性的安排和设计。比如，不可能对长城从西到东进行全面保护，只能在重要旅游景观分布处进行重点保护。一些快速上马的文化景观工程也应该突出重点，进行选择性开发，避免因文化景观工程占用更多的土地资源造成效率和价值损失。

3. 文化遗产的景观化和产业化开发

文化景观是以文化艺术符号为载体的一种实体、结构和形态的展示，是一种综合性符号。文化遗产可以通过更多技术性符号来强化景观属性。这里对文化景观进行划分只是为了论述的便利，实际上很多文化景观之间并不存在本质差别。

一是人居环境类景观。比如，庄园等构成人居环境景观的主要方面，这类景观与大众日常生活关系紧密。一些传统的人居环境景观已经成为文化遗产。二是自然-文化复合景观。这种文化景观是重要的景观构成之一，因为具有自然和文化的双重属性，所以得到公众的更多偏好。四川峨眉山-乐山风景区就是典型的自然-文化复合景观。三是旅游类文化景观。旅游类景观是满足民众游览、休憩和考察等方面价值的文化景观，历史街区等就是针对这些行为开发的文化景观。四是公共治理类文化景观。公共治理是我们社会运行的重要条件，根据不同理念在不同时期进行的治理活动，留下了治理机构等文化景观。五是其他文化景观。

第三节　文化遗产价值的评估

文化旅游部门着力开发文化遗产的商业价值，很多城市已经将开发商业价值作为城市文化和旅游产业的发展战略之一。一些公共政策和公共行动的目标也是开发文化遗产的商业价值。目前，经济学家和社会学家等已经为文化遗产价值评估提供了诸多方法，这些方法对于相对规范地评估文化遗产的价值十分重要。

一、支付意愿法

支付意愿法（Willing To Pay，WTP），即公众被询问为文化遗产保护支付的数额等意愿情况。这种方法已经被广泛应用于公共物品价值的评估中，包括文化遗产的美学和艺术价值评估，并且该方法已经成为制定税收等政策的重要社情民意和行为学基础。

支付意愿是一种主观性很强的意思表示，受诸多因素的影响，因而不是一种很稳定的行为。需要说明的是，大量事实显示支付意愿和支付行为之间存在很大差异。这就是动机、意愿与行为之间的非统一性规律的体现。因此，支付意愿仅仅是主观评估价值，而实际支付则能更加接近现实地体现文化遗产价值。所以，需要在探索主观意愿和实际支付行动之间建立一种联系，以便降低主观评价导致的价值偏离。

在具体操作中，支付意愿法还可以通过赋值法来进行具体测度，如在心理量表中根据主观评价进行货币化价值估算。具体来说，可以让公众对每个分值进行货币化评估，以便间接体现文化遗产的价值，但是需要考虑公众职业、教育背景等方面的差异。

二、条件价值法

大量经验事实显示，人们的交换行为或支付行为与背景条件有关。设定条件来评估不同情景下的文化遗产价值，是经济学家开发的重要价值评估方法之一，这种方法被称为"条件价值法"（Contingent Valuation Method，CVM）。但问题是，这些条件的设定比较复杂，一般文化遗产面临的境况（如严重毁损和灭失风险等）越迫切，公众可能支付的价值越高。因此，在价值评估的具体操作中，条件设定是很重要的问题。

实际上，这种方法因为设定的条件不符合现实或者现实不能满足而受到批评。但是，人们做出选择的确是在不同情境下进行的，这就是条件因素对人们行为的影响。因此，应该肯定这种方法为很多虚拟价值的评估提供了参照性标准，而不仅仅看其在现实操作中的应用效果。

三、旅行费用法

旅行费用法（Travel Cost Method，TCM）是比较直接地评估文化遗产的重要方法。这种方法主要是计量旅行者对文化遗产消费及相关文化行为中所支付的各类费用。一个理性的旅行者总是选择那些对自己有价值的文化遗产或者文化景观，从而进行相应的费用支付。这些支付体现了文化遗产和文化景观在旅行者主观上的价值。因此，这种方法能够比较真实地测度文化景观的价值，至少是旅行者的主观价值。

在具体研究中，又可以划分为区域旅行费用法和个人旅行费用法。个人旅行费用法中有单点模型、多点模型、随机效用模型和内涵旅行费用模型等评估方法。这些方法已经被广泛应用于旅游景区价值评估。

四、不确定条件的价值评估

由于文化遗产通常是根据公众的主观偏好及实际消费行为选择来进行价值判断，因此人类面临的整体境遇可能影响这些文化遗产的价值评估。换句话说，人类对这些文化遗产价值赋予的判断会随着人类经济社会发展的状况发生变化，特别是会随着宏观经济整体增长情况发生变化。经济社会活动的外部性冲击对遗产价值产生显著影响，而经济社会发展面临很大的风险及不确定性，因此当那些潜在的风险被人们逐渐识别的时候，这些文化遗产对于人类的价值就会立即发生减损。比如，当一个区域面临洪水等自然灾害的严重威胁时，人们会因为谋求基本的生命安全和财产安全而忽略文化遗产的价值，从而迅速降低对这些遗产的价值评估。

五、文化遗产的价值计量问题

人们将文化消费作为一种重要的福利，至少在有一定经济收入的人们心中是这样。实际上，文化环境是人们经济行为和其他行为的重要考量因素，也包括文化资源和文化遗产等构成的环境。

有证据表明，居民在选择住所时会将文化环境作为重要的考量因素。这就是风景名胜区或者文化景观区房价高涨的重要事实基础。此外，在城市居民和乡村居民的消费构成或者效用构成中，城市居民更多地消费文化产品。

问题在于，人们的文化偏好会随着年龄发生变化。比如，经验事实显示，老年人特别是老年女性更容易偏好宗教类文化遗产。因此，文化遗产的价值经常处于动态变化中。这样，在计量其价值时，就需要考虑不同年龄段的价值差异。因为这可能给评估带来困难，所以通常以家庭为单位进行评价。一般来说，收入水平越高，越倾向于对文化遗产有较高的价值评估。因此，收入实际上影响人们对文化遗产价值的评估。目前，对文化遗产的教化价值还没有系统性的研究成果，这可能与教化价值在实际测度方面的难度有关，也可能与文化遗产开发中重视经济价值、忽略其他价值有关。

六、文化遗产对特殊群体的价值

社会中的特殊群体是文化消费的重要组成部分，尽管人数可能比较少，但是并不意味着他们的偏好不重要。一些群体对文化产品或者文化遗产的消费等行为已经超过了一般的公众行为模式。他们更多是一种"发烧友"式的消费。从组织行为学和消费行为学的层面来说，这是一种非理性行为，因为这些行为往往不是很重视直接的物质和金钱回报。

  不管如何，我们从大量经验事实中看到了这些群体的存在，这些群体在文化遗产价值方面使用了更多的资源，他们可以在一定范围内获得这些遗产带来的回报。更重要的问题在于，这些群体对文化产品和文化遗产消费和投资等行为，在一定范围内影响着大众的行为。比如，影视明星拍摄过电视剧、电影的重要历史文化场景，为大家带来消费方面的效应。

  虽然以上方法已经在文化遗产等领域得到广泛应用，但是针对文化遗产和文化景观的价值评估理论模型仍然在开发中。这表明人类的文化活动具有共同特征，也容易在文化遗产保护方面形成比较有效率的合作。但是，人类也在进行其他领域的经济活动，这些活动的绩效和收益等会影响到人类在文化遗产领域的行为。

第四节 文化景观的价值

  价值问题是重要的哲学问题。文化遗产虽然是一类文化景观，但文化景观包含更加广泛的内容，如为改善人居环境建设的各类设施和艺术符号等。

  文化景观的人文价值在于，这些景观是人类文化行为的痕迹或者印记，并且具有很强的教化作用。人文价值可以通过一些直接指标或者间接指标体现出来，如通过构造区域人文发展指数等形式来体现其价值。

  文化景观的艺术价值在于这些景观具有艺术化产品的价值，有些文化景观甚至可以被当作艺术宝库。艺术价值可以通过艺术品交易等指标体现出来。

  文化景观的环境价值在于，有些文化景观显著提升了人居环境质量，乃至提高了大气和水体等的质量。这是文化景观存在过程中的现象，是文化景观的外部性价值效应。

  文化景观的休闲娱乐价值通过居民的消费性行为和非消费性行为体现出来，这既是文化景观价值体现比较直接和明显的内容，也是比较容易测度的内容。

  文化景观的社会价值在于这些景观能够发挥社会效应，特别是作为公众文化福利的文化景观，具有显著的社会效应。这些效益和价值可以通过大众公益行为等体现出来。

一些文化景观还具有很强的商业开发价值。在文化景观建设中，需要处理好商业化开发与文化保护的关系。在规划和兴建文化景观的过程中，进行综合价值评估是必要的。

文化景观的价值和文化遗产的价值存在很大不同，文化景观的价值从总量上来说要超过文化遗产的价值。文化景观的价值实际在构成等方面不同于文化遗产的价值，尽管在一些情形下两者差别不大。因此，我们不仅要看到两者之间价值方面的联系，更重要的是对两者进行区分，以便深入认识文化景观的价值。

一、人文价值

文化景观的人文价值实际上是一种教化价值，即影响民众的心理和行为方面的价值。这种价值通过潜移默化的形式发挥作用，很难进行直接测度。不过，这些作用在很多群体之间存在并产生了一定影响。根据经验事实，文化景观的人文价值主要通过如下方式得以体现。

（一）增进民众的文化修养和文化福利

很多民众通过文化景观来了解文化知识，并将其作为文化修养的一个方面。比如，通过碑林等书法作品了解诗词及书法艺术方面的知识，通过美术作品展览了解国画方面的知识。这些知识的积累提高了个人文化修养，这是人文景观价值的直接体现。

更主要的是，文化修养可能和道德修养之间存在关联性，即文化修养具有提高道德修养的作用。从文化福利来说，那些人文景观集聚区域的居民往往能够享受到较高的文化福利。文化福利是人们选择人居环境的重要考量因素。

（二）发挥人文教育的功能

人文教育是国民教育的基石，文化景观的各种形式可以发挥人文教育作用。当前，行为经济学家和社会学家已经开始尝试使用一些指标来测度文化景观的人文教育价值。

（三）文化景观的人文价值评估

人文价值评估需要考虑很多因素，其中包括那些难以直接测度的因素。这种评估要将文化景观的教化价值放在重要位置，如果人的思想和行为没有因为对文化景观的感受而发生变化，就不能说该文化景观具有教化价值。当然，不同群体和不同个人在同样的景观环境中得到的教化是不同的，因而在思想和行为方面发生的变化也存在显著差异。这里提出编制家庭文化福利指数和区域人文发展指数的构想，这两个指数能够在很大程度上体现文化景观的人文价值。

虽然现实中文化景观的人文价值通过人文发展指数得以体现，但是这个指数本身需要通过大量的资料和数据进行计算才能得到。目前，一些研究仅仅通过家庭文化产品消费价值等指标测度文化消费水平，这不能单独体现文化景观的价值，还需要对家庭及个人旅游行为等进行分析后抽离出人文景观的价值所在。不过，大量经验事实表明，人文景观较集中地区公众的人文素养也较高，如知名景点附近的车夫能够讲解景点的历史典故等。编制家庭文化福利指数和区域人文发展指数对城市及区域进一步优化人文环境具有指导意义。

二、艺术价值

很多文化景观是由艺术符号和艺术作品构成的，因此文化景观的艺术价值是比较普遍的价值形态。例如，敦煌莫高窟就是具有很高艺术价值的文化景观。不过，在评价具体文化景观的艺术价值时，我们需要一种更加专业的界定，以便分析这些价值的基本结构等。

（一）专业性艺术价值

专业性艺术价值指文化景观在书法、摄影和文学等专业领域的艺术价值。这些价值可以通过很多方式测度，如有些文化景观为艺术学院师生提供的实习等服务，就是专业性艺术价值的体现。从消费和使用规模来说，人文景观的专业艺术价值可能较低，但专业人士依托景观进行再创造，便实现了作品的价值提升，这是文化景观很重要的价值体现。很多专业性艺术作品是文化景观的衍生品，如果将这些艺术品的价值计算在文化景观价值中，就可以相对客观地评估文化景观的价值。

（二）大众性艺术价值

很多文化景观具有大众性艺术价值，即能够为大众提供一些必要的艺术服务，如艺术鉴赏等，以及围绕文化景观的其他艺术性服务。这些服务虽然不是针对专业人员的，但是具有一定的价值，其价值在于激发大众对艺术的热爱和学习。一些文化产品与服务的大众化交易充分证实了这种价值的客观性。

（三）特殊类艺术价值

很多文化景观具有唯一性，特别是文化产品的唯一性。因此，这类文化景观具有特殊类艺术价值。比如，考古类展览馆，其价值在于展示特定历史环境下的艺术行为和艺术成果等。文化景观资源的稀缺性是导致这类景观价值提升的重要因素。

（四）综合类艺术价值

综合类艺术价值是指博物馆等文化景观对大众具有广泛的艺术教育价值。很少有文化景观能够体现出综合的艺术价值，因为这些景观总是从不同侧面体现某个门类的艺术。在所有文化景观中，建筑类景观是综合艺术价值最高的，特别是博物馆等用于综合性展示的建筑。

多年来，很多城市在规划旅游文化产业时，将构造具有综合艺术价值的文化景观作为重要内容。这充分说明了综合类价值对于满足和提升居民文化福利的重要性。

（五）文化景观艺术价值评估

文化景观艺术价值评估虽然比较复杂，但是可以借助一些方法进行，这些方法包括直接方法和间接方法。一般文化景观艺术价值评估需要划分专业艺术价值和大众艺术评价，因为这两者之间存在内涵及测度方法上的差异。其中，专业艺术价值可能是主要的艺术价值，因为专业人员通过文化景观进行创造性工作并获得一定报酬，这些作品能够通过市场交易等体现文化景观的间接价值。大众艺术评价在于大众购买与文化景观有关的书籍、宣传材料或者收藏有关纪念品等，并通过旅游购物行为等进行测算。

三、环境价值

文化景观有显著的环境价值，主要是人居环境方面的价值，还包括一定范围的环境质量改善价值。这种价值体现在要素集聚和协同效应等诸多方面。

（一）要素集聚和协同效应

一些文化景观周边或者一定范围内，集聚了诸多经济要素和商业要素，这些要素的集聚是文化景观的环境价值之一。如果没有文化景观，这些要素的集聚就不能实现或者要素价值的增长就会降低很多。这就体现了人文景观的环境价值。

这种集聚还可以被进一步划分为常态性集聚和临时性集聚。常态性集聚就是酒店等围绕人文景观常设的设施，一般能够获得因人文景观而带来的稳定性收益；临时性集聚指一些劳动力在旅游旺季集聚到人文景观周边进行一些服务和交换等行为，这也在一定程度上解决了就业和收入等问题，但是这些要素集聚存在风险，特别是政府规制方面的风险。

（二）提升人居环境质量

一些文化景观具有提升人居环境质量的显著作用。有资料显示，居民在选择购买住房时将湖泊、公园、博物馆等知名景观作为考量的重要因素，并愿意为此支付更多货币。这直接表明了文化景观在提升人居环境质量方面的价值。需要说明的是，很多城市的市政工程本身也是文化景观工程，能够发挥改善人居环境质量的作用。

（三）提供舒适感及其他服务

一些文化景观具有显著的舒适感价值，这些价值可以通过一些行为指标来体现。比如，中民广场等文化景观提供的舒适感，体现在居民的休闲时间增加等方面。当然，这种舒适感产生的基础是环境质量的改善，可以通过市民休闲（散步、跳舞及游戏等）的成本来计算其服务价值。不过，这些计算需要考虑不同群体的收入，也要将其主观感受等因素考虑在内，尽管评估主观舒适感是复杂的问题。

（四）环境溢出效应

文化景观不仅对景观内部区域具有环境价值，而且对周边一定范围内的区域也具有环境价值的溢出效应。当然，这种溢出效应一般会随着距离文化景观的路程增加而衰减。

为了克服这种衰减效应，城市有关主体采取了一些措施，其中一个重要的措施是强化文化景观之间的连通性。从空间结构来说，景观之间的连通性有助于扩大人文景观的环境溢出效应。

（五）文化景观的环境价值评估

评估文化景观的环境价值，除了考量景观自身之外，还要考量文化景观价值的空间溢出效应。比如，文化景观可能让周边酒店住宿价格高出一般市场价格，这个高出的服务价值就是文化景观的溢出价值。但是，这种空间溢出效应也并不一定全部是正向价值，因为很多导致环境恶化或者质量降低的服务也会为实现交易集聚到文化景观周边，如小餐饮店以及一些质量较差的商品交易服务等，这些交易因为借助文化景观而索取较高价格。

四、休闲娱乐价值

（一）休闲娱乐价值的内涵

休闲娱乐行为是人类重要的行为类别之一，这些行为构成了很多消费性行为和非消费性行为。实际上，非消费性行为的价值也可以通过货币来简化成消费性行为。从经验事实来看，休闲娱乐行为具有放松身心和增长见识等方面的预期，其价值也因此得以体现。

很多文化景观对特殊群体如儿童等具有特殊的价值。一些主体也根据这些群体的需要进行专业化文化景观开发，如儿童游乐园等项目。这些项目通常是商业地产项目的延伸和拓展，主要目的还是实现一定的商业价值。为了迎合大众消费需求，特别是休闲娱乐方面的需求，很多商业地产项目规划了休闲娱乐设施并提供相关服务。

（二）休闲娱乐价值的行为学体现

根据行为学特征，文化景观的休闲娱乐价值主要可以划分为如下类别。一是日常性休闲娱乐价值。日常性休闲娱乐在一般性文化景观场所进行，特别是小区公园等。这些价值可以通过放弃劳动收入这一指标进行估计。当然，这种估计的偏差需要通过更加技术化的方法纠正。二是季节性休闲娱乐价值。季节性休闲娱乐在具有一定季节性的文化景观展示期内进行。例如，一些景观在夏季具有显著的休闲娱乐价值，在冬季则几乎没有游人活动。三是其他类型休闲娱乐价值。如体育类休闲娱乐价值、文艺类休闲娱乐价值、其他休闲娱乐价值等。

随着城市文化的发展，休闲行为也变得更具有文化品位和文化意蕴，这也是商业主体着力开发的方向。诸多经验事实证明，这些开发产生了实际的经济价值和文化价值。一些商业主体开发的休闲娱乐类文化景观已经成为城市重要的地标性建筑或者城市文化的象征，这说明了商业资本介入文化景观开发的重要性。

（三）休闲娱乐价值的评估

评估文化景观的休闲娱乐价值是很重要的，因为这些价值发生于实际行动中，且具有一定的成本和收益。因此，其价值应该通过一些规范化方法进行评估。支付意愿法、旅行费用法等均可以用于娱乐休闲价值的评估。在这些价值评估中，需要将更多有关主体的主观体验进行量化评估，以便真实反映文化景观的主观价值。

实际上，多数休闲娱乐行为隐含着一次交易，如通过休闲来缓解工作疲劳等。因此，这些行为存在"隐含价格"。但是，由于主观偏好等方面的差异，景观休闲娱乐的实际服务价值存在差异,尽管这些景观可能对所有人都收取同样的价格。既然真实价格和隐含价格存在差异,那么计算服务价值应该同时考虑真实价格和隐含价格。

在实际休闲行为中,各类主体如何实现效用最大化又是一个复杂的问题。消费行为学研究主要得出以下结论。一是避开旺季,追求更多舒适性价值。因为旺季游客众多,环境拥挤,降低了个体舒适感,所以很多主体选择避开旺季来休闲。此外,淡季休闲会降低支出,从而获得格外的收益,提高总效用。二是适度增加体验感。很多公众选择自驾车休闲,这比集体休闲产生更多体验,特别是风光体验以及自助性住宿和饮食等方面的体验。三是通过更多技术性方法延伸休闲价值。信息技术发展让休闲过程能够被全部记录,很多主体通过制作视频等方式将休闲过程长久保存。这在很大程度上延伸了文化景观的服务价值。实际上,大量经验事实证明,公众为了获得更大效用会有额外支付行为,这些行为已经成为休闲娱乐行业分化的重要因素。

(四)让休闲更有价值

心理学研究表明,处于休闲状态或者放松状态的大脑更容易产生创新行为或者创新意识。或者说,一些创新意识是在身心放松的情境下产生的。因此,理性的选择是让休闲成为有价值的行为,最好能够修养身心并激发创造力。具备条件的文化景观应该着力推进这方面的景观服务价值。

五、社会价值

文化景观具有特殊的社会价值,这些社会价值实际上超越了商业价值的范畴,产生了广泛的社会影响。

(一)公益和慈善事业价值

一些文化景观直接成为各类公益和慈善活动的举办地,经常性为公益和慈善事业服务,这就是文化景观慈善与公益事业价值的直接体现。我们可以根据捐赠数额等指标对这些价值进行计量和评估。

（二）区域形象塑造价值

文化景观在某种程度上会成为区域形象的标志，这些文化景观可能有助于消除公众对某个城市或者区域的刻板印象或消极看法。经验事实表明，民众对于一个地区最深刻的印象往往是文化景观。比如，敦煌莫高窟作为重要的文化遗产，在敦煌地区具有促进佛教文化东西方交流的作用，在很大程度上，公众对敦煌的认知以莫高窟为主要符号载体。又如，山东孔府文化景观使公众对曲阜保留着"孔孟之乡"的形象，这种形象是基于这些文化符号和文化景观传播与传承的，具有显著的社会价值。不过，这些形象塑造价值需要通过公众认知等行为指标来测度，操作上存在一定难度。

（三）传承价值

很多文化景观能够作为具有价值的文化遗产传承给后代，同时后代认可其价值并能够进行相应的保护，这就是传承价值的体现。我们不能预知后代对这些文化景观价值的认知，但是可以从人性方面进行推理，对当代人具有价值的文化景观一般来说对后代人也有相应的价值。在特殊情境下，这些价值还会显著增加。

遗憾的是，在城市建设与发展中很多文化景观被破坏，这让传承成了空谈。但是，很多城市也在兴建一些景观化工程留给后代。不过，任何景观规划和建设都具有重视当前价值的倾向，这就让景观是否真正具有传承价值存在很大的不确定性。

（四）文化交往价值

国家间和地区间的文化交往，往往需要通过文化景观实行这些交往的价值。一方面是实现商业利益，另一方面是发挥文化交流的作用。河南省登封市的少林寺已经成为外国游客和知名人士游览的著名文化景观。应该说，少林寺发挥了文化景观的国际文化交往价值。此外，还有很多文化景观发挥了文物交流和展览以及重要文化产品与服务的交易等价值。

(五) 人文景观的社会价值评估

人文景观的社会价值评估需要根据以上论述确定指标进行量化，但是迄今为止很少能看到专门测度文化景观社会价值的文献，这主要是资料获取难度以及在一些问题上的长期争论导致的。尽管如此，还是有多数主体承认社会价值的存在，以及通过文化景观工程强化这些社会价值的现象，只不过在具体测度方法上存在意见分歧。

第二章 文化遗产中的建筑艺术

第一节 古代建筑

古代建筑是中国文化遗产之脊,是文化遗产的重要组成部分。中国古代建筑之美无处不在,无论是雕梁画栋、恢宏大气的宫殿,还是曲折幽深、素净淡雅的庭院,一砖一瓦、一木一石都诉说着古代建筑的精妙绝伦。

中国建筑特色鲜明、风格独特,从古至今延绵不绝、自成一派。中国建筑体系是中华民族世代智慧、经验和实践的凝结,是数千年来各族文化交流融合形成的辉煌瑰丽的艺术结晶。在有实物可考的发展史中,中国建筑活动的开端可追溯至史前社会。地形地貌、自然环境、族群文化等方面的差异使不同地区形成了丰富多样的建筑特色。但在漫长的社会发展中,中国古建筑不断融合、演化,最终成熟,塑造了以木构架为主要承重结构、采取建筑搭配组合的院落式布局的独特建筑体系。

一、中国古代建筑的基本构件

从外观上看,一栋古建筑分为三部分:台基、屋身、屋顶。根据部分各自的构成机能,古建筑构造即分为上、中、下三分,其中包含着对应的基本构件。

(一)下分——台基

台基又称"基座",是高出地面的建筑物底部,一般为砖石包砌的夯土平台。夏商时期出现的茅茨土阶是台基的雏形,随着夯土向砖石的材料转变,其构造也发生变化。隋唐时期,台基形式基本固定,至清代逐步完善和丰富,包括台明、台阶、栏杆、月台四个基本组成要素。

基于实用角度,台基最基础的功能就是承托建筑物、稳固屋基、防潮防腐。

美学意义上，宽大的台基可以增强建筑造型的稳定感，从视觉上扩大建筑体量。在建筑组群中，台基可以壮大主建筑的整体形象，突出其威严和重要性。不仅如此，台基也是一种重要的等级标志，其高度、台阶数目象征着等级高低。台基按照等级大致划分为以下四种。

1. 普通台基

普通台基，一般用素土、灰土或碎砖三合土夯筑而成，高约1尺（1尺约为0.33米），是普通房屋台基的通用形式。

2. 较高级台基

较高级台基较普通台基而言，其高度更高，多采用砖石筑造，常配有汉白玉栏杆，主要用于大式建筑或宫殿的次要建筑。

3. 更高级台基

更高级台基即须弥座，又称"金刚座"。须弥座用作佛像或神龛的台基，用以显示佛的崇高伟大。中国古建筑用须弥座彰显建筑级别，一般用砖石砌成，上有凹凸线脚和纹饰，形体较复杂，配汉白玉栏杆，常用于宫殿和著名寺院的主殿等高级建筑。

4. 最高级台基

最高级台基由几个须弥座相叠而成，使建筑物更显宏伟高大，用于最高级建筑，如故宫三大殿和曲阜孔庙大成殿。

（二）中分——屋身

1. 柱

柱是最重要的承重构件，是建筑的"腿"。它依据木构架形式相应排列，将建筑的荷载传递到下部。柱常用松木或楠木制成，置于石头或铜器为底的台上，用于支撑屋面檩条，形成梁架。柱以圆柱形最为常见，兼有方柱、八角柱、雕龙柱等，根据其支撑位置分为不同种类：最外侧靠近屋檐的叫"檐柱"，四角的叫"角柱"，屋脊正下方的叫"中柱"，中柱在墙内叫"山柱"，位于檐柱与中柱之间的叫"金柱"。

2. 开间

四根木头围成的空间称为"间",是用来衡量建筑物空间的度量单位。建筑物迎面的间数称为"开间"或"面阔";纵深间数称"进深"。中国古代以奇数为吉祥,所以平面组合中绝大多数的开间为单数,且开间越多等级越高。一般9间为最高等级,北京故宫太和殿、太庙大殿为例外,开间达到11间。

3. 大梁

大梁又称"横梁",是架于立柱上最主要的一根木头,用以形成屋脊,是水平方向上承托屋顶重量的主要构件。它是中国传统木构建筑中的骨架主件之一,常用松木、榆木或杉木等制作。

4. 斗拱

斗拱是中国古代木结构建筑所特有的构件,是由斗形木块、弓形短木和斜置长木层层交叠、逐层向外挑出形成的上大下小的托座。其中,斗形木构件称为"斗"和"升",弓形木构件叫"拱"和"翘",斜置的叫"昂",最底下的方木构件叫"坐斗",总称为"斗拱"。

斗拱一般处于柱顶额枋之上、檐下或梁架、檩枋之间。它具有重要作用,最基础的就是支撑梁架重量、向柱传递荷载。另外,斗拱在檐下通过自身出挑,可以有效延伸外檐,减少木制柱脚受风雨侵蚀而糟朽。构造上,斗拱各个节点之间采用榫卯结构,也有效提高了建筑物的抗震功能。由于其优美华丽的造型,斗拱还兼具装饰功能,在墙身和屋顶之间形成过渡连接;再结合艺术处理,如雕刻、异型拱及彩画等,赋予了斗拱丰富绚丽的装饰效果。更重要的是,斗拱是封建社会中建筑等级的标志。斗拱出挑层数越多,说明等级越高。普通民宅一般不能用斗拱,只有宫殿、宗庙、陵寝、府衙等高级建筑中才使用。斗拱用材也划分为十一等,依据房屋大小、社会声望和社会地位高低等因素来选择。

5. 墙体

墙体是古建筑中的围护与分隔因子。外墙围护,隔绝风霜雨雪,减少太阳辐射,以维持室内温度稳定。内墙分隔,可以依据需求进行空间划分。墙体本身不承受上部梁架与屋顶的荷载,但能稳定柱网,提高建筑抗震刚度;同时,墙体的材料多为砖石、土坯等，防火耐火性能较好，在建筑防火方面有重要意义。

（三）上分——屋顶

中国传统建筑的屋顶也具有围护作用，可以抵挡太阳辐射或风霜雨雪，坡度利于排水，避免雨水积存。同时，屋顶在塑造建筑形象和彰显建筑等级方面发挥着重要作用，古建筑的美观和气势主要依靠它来体现。

中国古建筑屋顶形式多样、形态各异，以庑殿顶、歇山顶、悬山顶、硬山顶、攒尖顶五种形式为主。其中，庑殿顶、歇山顶、攒尖顶有单檐（一层屋檐）和重檐（两层及以上）之分；歇山顶、悬山顶、硬山顶可衍生出卷棚顶。

1. 庑殿顶

庑殿顶为四面斜坡，有一条正脊和四条垂脊，屋面稍有弧度。单檐庑殿顶多用于礼仪建筑的偏殿或门堂等；重檐庑殿顶则代表最高等级的屋顶样式，一般用于皇宫、庙宇中最主要的大殿，如北京太和殿、曲阜孔庙大成殿等。

2. 歇山顶

歇山顶是庑殿顶与硬山顶的结合，四面斜坡的屋面上部转折成垂直的三角形墙面。它由一条正脊、四条垂脊、四条戗脊组成，所以又称为"九脊顶"。普通歇山顶应用广泛，重檐歇山顶则用于规格很高的殿堂，如故宫保和殿、天安门等。

3. 悬山顶

悬山顶为屋面双坡，有一条正脊和四条垂脊，其特点是屋檐两侧悬伸出山墙之外，因此又称"挑山顶"。悬山顶是我国一般建筑中最常用的一种形式。

4. 硬山顶

硬山顶为屋面双坡，两侧山墙与屋面齐平或略高于屋面。其最大特点是简单、朴素，明清以后广泛地应用于我国各地的住宅建筑。

5. 攒尖顶

攒尖顶的平面为圆形或多边形，上为锥形，没有正脊，有若干屋脊交于上端，顶部有宝顶。此形式的屋顶一般多应用于面积不大的亭、阁、塔等类型的建筑。

6. 卷棚顶

卷棚顶为屋面双坡，无明显正脊，屋面前坡与脊部呈弧形滚向后坡，具有曲线所独有的阴柔之美。硬山顶、悬山顶、歇山顶可有带有正脊和不带正脊（即卷棚）两种做法。

7. 其他形式

中国古建筑屋顶还有扇面顶、盝顶、盔顶、穿窿顶等一些特殊形式。

屋顶的形式、屋脊和瓦饰等均能反映建筑的使用性质、类别，建筑物主的身份、地位等，这些形制有着严格规定，绝不可逾越。建筑物屋顶重檐等级高于单檐，所以屋顶形式的等级依次为：重檐庑殿顶＞重檐歇山顶＞重檐攒尖顶＞单檐庑殿顶＞单檐歇山顶＞单檐攒尖顶＞悬山顶＞硬山顶。

（四）装饰装修

1. 木装修

木装修又称为"小木作"，分内外两类。外檐装修主要指古建筑室外或分隔内外所用的木饰构件，如门、窗、楣子、栏杆等。这部分装修直接与室外接触，易受风吹日晒和雨水侵蚀，在用材、雕镂、花饰、做工等方面兼具实用性、耐用性和美观性。内檐装修置于室内，如用来分隔空间的木隔断、博古架、屏门，以及装饰性质的藻井以及木楼梯等。内外檐装修是中国传统建筑独特风格的重要体现。

2. 彩画

彩画是中国特有的一种建筑装饰艺术，最初是为了保护木构架，以防潮、防腐、防蛀；后来才突出其装饰性，同时体现建筑等级。彩画多绘于内外檐的梁枋、斗拱及室内藻井和柱头上，构图与构件形状密切结合、绘制精巧，且种类众多，题材丰富，山水、楼阁、花卉、人物皆可入画，历史典故、传奇故事也常常出现。

彩画初显于春秋时期，宋代以后已成为宫殿不可缺少的装饰艺术；清代则发展至巅峰，成果丰硕，遗存丰富。根据构图和画法，清代官式彩画主要分为和玺彩画、旋子彩画、苏式彩画三个等级。

和玺彩画仅用于皇家宫殿、坛庙主殿及堂、门等重要建筑，是等级最高的彩画。其主要特点是：中间的画面由各种龙凤图案组成，并补以花卉，构图严谨、图案复杂；画面两边用半圆形图案框起，大面积使用沥粉贴金，以青、绿、红三种底色为衬托，整体绚丽非凡，高贵奢华。

旋子彩画的等级仅次于和玺彩画。画面以简化的涡卷瓣旋花为主，也可画龙凤；画面两边用半圆形图案框起，是否贴金粉没有固定要求；一般用于次要宫殿或寺庙以及牌楼等建筑物。

苏式彩画的等级最低。大多采用红、土黄或白色等暖调画法，画面可以为山水、人物故事、花鸟鱼虫等，题材广泛，两边用被建筑家称为"包袱"的构件框起。苏式彩画是从江南民间的包袱彩画演变而来，又称"官式苏画"，内容生动活泼、贴近生活，主要用于装饰园林和生活建筑以及四合院等。

二、故宫

（一）故宫建筑的特色

北京故宫始建于明永乐年间，是中国明清两代的皇家宫殿，史称"紫禁城"。故宫地处北京城中轴线的核心位置，总面积72万平方米，其中建筑面积达16万平方米，内有大小殿堂70多座、房舍9000余间。故宫是中国现存规模最大、保存最完好的木结构古建筑群。

紫禁城宫殿代表封建统治最高等级的"礼容"，是封建礼制在建筑中的具象表征。从总图规划设计、建筑造型、装饰陈设等来看，处处反映出封建等级制度的森严。故宫整体建筑布局规整严谨、浑然天成，建筑材料华丽考究，整体构筑雍容华贵。

1. 故宫建筑的布局

作为中国古代宫殿建筑的典型代表，紫禁城建筑布局十分严谨，"礼"在其中体现得淋漓尽致。紫禁城总体布局中轴对称，既重视内外有别、公私分明，形成了"三朝五门"的基本格局，又重视"家国同构""前朝后寝"的政权建筑格局，塑造了"外有九室，九卿朝焉""内有九室，九嫔居之"的宫殿建筑文化。

（1）前朝后寝

紫禁城主体建筑沿纵贯南北的中轴线，分为前后（南北）两个部分——外朝与内廷，间隔一道横街作为前后分界。宫殿一要满足帝王处理政务的需求，二要提供日常生活起居空间。两种行为的活动范围，具有明确界限，严格遵循宫殿建筑的组合布局。"前朝后寝"（也称"前殿后宫"）即成为宫殿的主要布局形式。所谓"前朝"，即外朝，为帝王上朝治政、举行大典之处，建筑气势雄伟、体量宏大；"后寝"，即内廷，是帝王和后妃们的生活居所，建筑布局严整紧凑、样式多变、装修富丽，反映了皇家奢华而严谨的建筑特点。

（2）中轴对称

紫禁城建筑在北京城的中轴线上，南北取直，左右相对。我国古代宫室建造十分讲究平分中轴的"公允中庸"之道、"左右对称"和"前后呼应"，以及"前朝后寝"的等级思想。高度集权、四方俯首的皇权威严都反映在其中，形成了既和谐流畅又独具匠心的建筑格局。

（3）三朝五门

帝王朝事活动会依据内容在不同规模的殿堂举行，自古确立了三种朝事活动的殿堂。所谓"三朝"，是指大朝、内朝、外朝。与大朝、内朝、外朝对应的建筑为太和殿（颁布政令）、中和殿（休息）、保和殿（殿试）。"五门"，即在举行大型朝事活动的宫殿庭院前，沿中线以五道门及辅助建筑构成四座庭院，作为其前导空间。故宫的"五门"由内向外依次为太和门（朝门）、午门（宫门）、端门（宫城前导门）、天安门（皇城门）和大明（清）门（皇城前导门）。

（4）三宫六院

"三宫"是指乾清宫（皇帝住所）、坤宁宫（皇后住所）、交泰殿（存放珍宝、礼品以及皇后生日庆典的地方）。"三宫"居于建筑群之中，是内廷的中心。"六院"是指位于"三宫"两侧的东路六宫和西路六宫，均为皇帝、后妃及其子女居住以及皇帝祭祀、习武等地方，因为这些建筑物都采用庭院风格，所以总称"六院"。

2. 故宫的主体建筑

（1）午门

午门是紫禁城的大门，也是最重要的一道门。它是皇帝下诏书、下令军队出征和军队凯旋献俘礼的地方。午门位于高高的城台上，是一座面阔九间的重檐庑殿顶大殿。午门城台下有三个门洞，在左右两侧和北边还各有一座门，称为"掖门"。正面中央的门是专供皇帝进出紫禁城使用。除皇帝外，皇后结婚入宫、举人接受殿试及考中前三甲者可经由此门。平时上朝，文武官进出东门，王公宗室进出西门。

（2）太和门

太和门是前朝的大门，是城内建筑群的入口。它坐落在单层汉白玉须弥座台基之上，环以白石栏杆，云龙望柱头；面阔九间，采用重檐歇山式屋顶。太和门前面，左右两侧各有一座青铜狮子，高4.36米，体现了太和门的气魄。因狮子性格凶猛，俗称"兽中之王"，所以常以它的形象置于大门两旁，起到守护皇宫的作用。

（3）三大殿

三大殿即太和殿、中和殿、保和殿三座宫殿。

太和殿是我国现存古建筑中规模最大，建筑形制、装饰与陈设等级最高的殿宇。太和殿是皇帝登基，举行结婚典礼、寿辰庆典，重大节日接受朝贺和举办宴会的地方。

其后是中和殿，明初始建称"华盖殿"，是皇帝上朝前准备和休息的场所。中和殿采取亭式做法，为四角攒尖顶。平面为方形，殿身纵横各三间，所谓"明堂九室"。其四面不砌墙，满设门窗，便于采光，表"向明而治"之意。

保和殿为最后一殿，采用减柱法，面阔九间，殿内减柱为四间，为重檐歇山顶，比太和殿略低一级，是皇帝举行殿试和宴请王公宗室的殿堂。

这三座大殿共处在一座高8.13米的三层汉白玉石台基之上，组成了前朝中心，也是紫禁城的中心。其中，太和殿具有更重要的地位，是体量最大的一座宫殿，面阔11间，达60.06米，大殿本身高26.92米，加之台基，自广场地面至大殿屋脊共高36.03米，屋顶采用最高等级的重檐庑殿顶。除此之外，太和殿前的台基上还布置着铜龟、铜鹤、嘉量和日晷，象征着国家统一、江山永保和社会长治久安。

（4）乾清门和后三殿

乾清门是紫禁城后宫的大门，礼制上比太和门要低一等，面阔只有五间，石台基相对低矮，屋顶采用单檐歇山顶。门前两侧守护的铜狮子的体量和神态也没有太和门前的那么雄伟。但乾清门也是中轴线上的一座重要大门，所以特别在大门两侧加了两道影壁，呈"八"字形分列左右，它们和大门组成一个整体，增添了乾清门的气势。

后三殿是指乾清宫、交泰殿、坤宁宫。从殿堂形制、庭院大小、台基高低来看，后三殿都比前朝宫殿要低一个等级，这是传统礼制的要求，不能逾越和违反。

3. 故宫的特色建筑

古代宫殿、陵墓等大型建筑前面多会修建一些辅助建筑作为装饰、标志或有特殊功用。这些建筑和古代宫殿一样，代表着中华建筑文明，成为传统建筑中的一种标志。

（1）华表

华表是古代设在宫殿、城垣、桥梁、陵墓前作为标志和装饰的大柱（陵墓前称"墓表"）。华表一般为石制，柱身常雕有蟠龙等纹饰，上为方板和蹲兽。华表高耸，既体现皇家尊严，又给人美的享受，立于皇宫和帝陵之前，作为皇家建筑的特殊标志。

天安门前后各有一对汉白玉雕刻而成的华表，又称"望柱"，由须弥座柱基、柱身和承露盘组成，其上石犼蹲立，下面横插云板，柱身雕刻云龙，端庄秀丽又庄严肃穆。

（2）石狮（或铜狮）

紫禁城宫殿大门前都有一对石狮（或铜狮），太和门前的铜狮体量最大。狮有辟邪之用，又为"兽中之王"，所以彰显"尊贵"和"威严"。按照中国文化传统习俗，成对石狮系左雄右雌，也可从狮爪所踩之物来辨别雄雌。爪下为球，象征统一环宇和无上权力，为雄狮；爪下踩幼狮，象征子孙绵延，为雌狮。

（3）嘉量与日晷

嘉量是中国古代的一种标准量器，有统一度量衡之意，象征国家统一强盛。一般放置于宫殿前和重要场所，表示皇帝办事公正，是皇权的象征。

日晷是古时的计时器，在倾斜 50°的圆盘（晷盘）中心垂直装一根金属棒（晷针），针上指北极，下指南极，盘上刻有计算精密的时辰，利用地球自转，以指针投影的长短和方向指示时间。

（4）铜龟与铜鹤

在中国古代传说中，龟、鹤乃神灵，寿命长，宫殿前陈列象征"万寿无疆"。铜龟和铜鹤背项均有活盖，腹中空，与口相通。太和殿前的月台上摆有铜龟和铜鹤，举行大典时，于铜器内点上松香、沉香等香料，青烟袅袅吐出、香烟缭绕，寓"江山永固"之意。

（5）吉祥缸

吉祥缸是置于殿前盛满清水以防火灾的水缸，常为铜铸。吉祥缸又称"门海"，以喻缸中水似海，可以救火，故誉为吉祥缸。故宫里的吉祥缸，除了防火，也有一定的装饰作用。古时冬天都要在缸外套上棉套，覆上缸盖，下方石座内燃炭，以防冰冻，至天气回暖才会撤火。

（6）鼎式香炉

鼎式香炉，一般摆放在丹陛之上，"丹"是红色，"陛"指殿前台阶。鼎式香炉作为宫中陈列由来已久、造型多样，是在铜鼎上再置重檐式结构。每逢大典，炉内燃烧松柏枝及檀香，香烟缭绕，渲染神秘庄严的气氛。鼎的造型沉稳坚固，体现了国泰民安，象征着政权稳固，鼎也就成为国之重器。

（7）轩辕镜

大殿天花板正中向上隆起一个如伞如盖的蟠龙藻井（一种装饰，寓意防火），神龙俯首，口叼巨珠，六个小球环绕，称"轩辕镜"。据说轩辕镜是轩辕黄帝所制，为辟邪正统之器，蟠龙共同构成游龙戏珠。

（8）太平有象

大象，因其体大温驯而又威严，四脚立地、稳如泰山，所以在帝座旁立象既影显皇帝威严，又表明社会安定和政权稳固。象驮金瓶，内盛五谷或吉祥物，含"五谷丰登""吉庆有余"之意。

(9) 角端与仙鹤

角端是古代传说中的神异之兽,能日行一万八千里、通晓四夷之语,置于帝座旁,显示"皇帝圣明"。仙鹤亦为传说神鸟,象征长寿,寓意"江山永世长存"。

(10) 盘龙香亭

香亭,雏形为香炉,后为香筒,再演变为香亭。亭下盘内燃放檀香,青烟从镂空的亭身升起,恰如置身云雾间。因亭有安定之意,置于宫殿内,可表天下大治,国家安定稳固。

(二) 故宫文化遗产的活态传承

1. 故宫的文化遗产及其价值

北京故宫是世界上规模最大、保存最完整的木结构宫殿建筑群,是中华文化的高度凝结,汇集了上下五千年的智慧文明和传统文化,承载着中华民族最杰出的艺术审美和最高超的建筑技艺。昔日皇宫禁地,历经几百余年兴衰荣辱,故宫既是收藏明清稀世瑰宝的秘密宝库,也是记录明清皇家宫廷的立体史书,是我国历史底蕴极其深厚、文化含量极其丰富的重大文化遗产之一。其价值主要呈现在三个方面。

(1) 故宫的建筑文化

故宫建筑群具有卓越的艺术价值和历史功能。故宫富丽堂皇,威严绚丽,彰显着我国在建筑艺术上的非凡成就,北京故宫与凡尔赛宫、白金汉宫、克里姆林宫、白宫合誉为"世界五大宫"。

(2) 故宫的文物藏品

故宫收藏了巨量的珍稀文物,统计达100万件以上,占全国文物总数的1/6,是国内文物收藏数量最多、内容最丰富的博物馆。

(3) 故宫的历史文化、宫廷文化

故宫曾作为国家的最高权力中心,历史积淀极其深厚,这里生活过的人和发生过的事,都曾在历史上产生过重大影响,留下了深刻的时光烙印。

总之，故宫是一个内涵丰富、体系完整的文化遗产系统。建筑、陈设、古木等不可移动文物与巨量藏品构成了故宫文化遗产的主体，与无形的历史氛围、文化底蕴共同组成了其建筑空间、园林景观和历史时空，在我国文化遗产中具有重要且典型的历史、艺术和科学价值。守护和传承好它们，就是保护了故宫的重要价值，延续了故宫的鲜活生机。

2. 故宫文化遗产的保护与管理

（1）故宫博物院

故宫博物院是我国基于明清两朝的皇室宫殿建筑及文物收藏而成立的大型综合性博物馆，也是中国最大的古代文化艺术博物馆。这座特殊的博物馆，向公众敞开了帝王宫殿的大门。自故宫博物院成立以来，一辈辈故宫守望者艰苦奋斗、披荆斩棘，力求守护故宫建筑、珍贵文物及文化内涵的完整性，坚守博物馆人的义务与职责，逐步建立了"宫院一体"的博物馆格局和保护传承的综合管理体系。

成立之初，紫禁城共有三家博物馆，故宫博物院只是其中之一（还有古物陈列所和历史博物馆）。三馆并存，共同促进故宫文物、文化的挖掘和开发；但管理分散和利益主体不统一也导致故宫遗产的完整性难以保证。"完整故宫"理念是民国时期的重要成果，是故宫文化遗产重要的保护管理思想。而后故宫博物院也始终遵循这一理念开展管理和传承工作，对故宫进行了多次修缮、清理和文物清点。

（2）平安故宫

实时监测是保护文化遗产的重要手段。一直以来，故宫博物院始终坚持对故宫遗产的综合监管，努力建设和完善相关制度与监测工具。21世纪以来，故宫就展开了文化遗产监测的筹建工作；随后故宫气象环境自动监测站建设完成，环境监测实现了自动化、智能化，为故宫环境的综合评估和风险预警提供了巨大帮助。随后，故宫世界文化遗产监测中心正式成立，开始了监测平台、监测系统、监测设施的持续建设。它将文物、建筑、室外陈设、古木等遗产要素与影响其价值表达和延续的环境、设施、雷击、观众等外界因素统一纳入监测范畴，相继建成了环境质量、白蚁、防雷、室内温湿度、观众动态、电力、室外陈设和文物建筑等多个监测系统，为故宫世界文化遗产监测总平台的建设打下了坚实基础。

故宫博物院提出"四个故宫"（平安、学术、数字、活力）建设体系。保护为主、平安为先、安全第一，"平安故宫"是最根本、最首要的任务。坚持实施"平安故宫"工程，为故宫的安全提供了稳定保障，为故宫博物院的发展奠定了基础。随着保护理念的成熟更新以及新科技的普及应用，监管设施逐渐完善、管理手段也更加全面有效，大大提高了故宫的开放程度和范围，让游客领略到了更多的故宫风采，保证了故宫文化遗产的完整保护、真实留存，实现人民共享。

3. 故宫文化遗产的活化与传承

（1）学术故宫

故宫博物院不仅仅是故宫文化遗产的守护者，更是故宫文化的研究者和探索者。"学术故宫"是支撑故宫建设、开拓文化传播的关键，引领着故宫博物院科学探索、学术探讨的前进与发展方向，有助于构建系统性、开创性的学术研究体系。

故宫博物院成立之初，众多学者共商故宫学术研究和科学探索事宜，逐步构建起故宫学术研究的框架和体系，为故宫博物院的学术事业奠定了高标准的基调。民国时期，故宫博物院开展各项文物整理及相关学术活动，出版了众多学术研究论文、书籍图册，整理了大量档案史料等。随着经济社会不断发展，学术研究和人才资源的重要性愈发凸显，故宫博物院带领着故宫人实施了众多改革。经过几十年的发展打磨，21世纪的故宫学术已形成基本范式、学术成果丰富、学术底蕴深厚。

（2）数字故宫

在信息技术、新媒体的快速发展下，数字化、信息化成为时代新要求。故宫的保护与开发，故宫文化遗产的展示传播与价值再创造都离不开数字化技术的应用和信息化体系的建设。

①"数字文物"体系与信息化建设体系。20世纪末，互联网、信息数字技术快速崛起，故宫博物院紧随智能数字化趋势，积极开展信息化工程和改造。首先，要完成文物的数字化采集、存贮和管理。其次故宫博物院也非常重视内部管理信息系统建设，先后建成了办公自动化系统、业务管理平台、资源数据平台等

行政管理平台。21世纪初，故宫博物院形成了以信息网络为底层支撑，数字资源采集为基础，数据管理利用为中枢，支持对内对外、线上线下各类应用的信息化建设体系，极大地推进了故宫文化遗产的保护和管理工作。

②数字化展示。故宫作为中国重要的文化符号之一，其文化展示和传播的创新具有重要意义。故宫推出了"全景故宫"，观众可以借助VR沉浸式体验故宫实景，走进故宫暂未开放的隐秘空间，在网上身临其境地体会三维空间下的故宫建筑。特别是近几年，通过VR游故宫广受人们的喜爱和追捧，故宫博物院官网日均访问量超过30万人次。

如今，博物馆"云端化"、藏品电子化是博物馆发展的重要趋势。"云游故宫"全媒体平台应运而生，故宫博物院将多年积累的数字资料根据用户的兴趣和文化需求进行了数字化重组与再呈现。特别是近几年，互联网信息技术尤其是5G技术迅速发展，覆盖面更广、指导性更强的"数字故宫"理念由此诞生，大力推动了数字资源高效管理与利用。

③文化传播。新媒体平台的运用，为故宫博物院开辟了一条更快、更广的文化传播路径。除了官网，故宫还非常重视"三微一端"的建设和应用，延伸了故宫文化的辐射范围，编织了纵横交错的扩散网络，深刻影响了观众的日常生活和社交活动。故宫发布了"数字故宫"小程序，进一步协调了故宫线上信息服务，海量数字资源可以一键检索、一站抵达，不用在微博、官网、App等不同的数字平台上反复加载。近年来，随着短视频的走红，故宫博物院也在抖音和哔哩哔哩上注册了官方账号，用短视频的方式进行宣传和科普。与此同时，故宫博物院也在不断研发自营应用，包括参观导览、文化宣传与互动游戏等方面。

④线下数字化展示。故宫博物院一直坚持发展"V故宫"项目，充分发挥VR技术优势，提高人们的参与性和体验性。目前，《紫禁城·天子的宫殿》的VR系列影片已完成并上线了7部作品，包括《紫禁城·天子的宫殿》《三大殿之养心殿》《倦勤斋》《灵沼轩》《角楼》《御花园》。观众可以通过VR鸟瞰环游故宫；体验模拟考古，深入故宫地下，发掘故宫秘密；了解故宫角楼"九梁十八柱七十二条脊"的巧妙；欣赏御花园一天之中的景色变幻。

讲解服务是博物馆解说、科普的重要手段，完善的解说系统能够更快速、高效地向观众阐述历史内涵、传播文化知识。故宫博物院不仅提供了讲解员、导游、文字解说牌与陈列解说等传统式讲解服务，还增加了自动讲解器这一新型自助解说方式，覆盖了40多种语言类别，实现数字化智能讲解服务。

目前，故宫博物院仍在持续推进数字化工程，加快文物数字化存储和管理。针对部分极为珍贵的藏品，采用数字文物的方式，按照建造精度、色彩等要求3D还原和呈现文物真实面貌。

另外，针对"非遗技艺"等抢救性记录拍摄也在积极筹备之中。故宫博物院立足于"数字故宫"的打造，希望通过数字信息的建设破除线上线下的资源壁垒，加强数字资源的利用与传播，促进数字服务的无缝衔接，深刻落实数字故宫社区生态布局。

（3）活力故宫

故宫始终坚持讲好中国历史、谱写未来故事。赋予文物"活"的灵魂和生命、努力建设"活力故宫"是故宫博物院的前进方向和本质追求，是故宫文化创新活态传承的重要途径。

①陈列展览。故宫博物院的成立，让昔日的皇宫禁地变成了人民的博物馆。为观众打开紫禁城的大门、实现文化遗产人民共享是故宫和故宫人的重要任务，陈列展览则是完成这一任务最基础也最关键的途径。随着故宫古建修缮与古物清点工作的进行，故宫可供展览的面积逐步扩大，为举办各类尤其是大型展览活动提供了便捷。目前，故宫已开放了80%以上的区域，许多未曾踏足的区域、不见天日的文物终在世人面前揭开了神秘的面纱。

故宫博物院深入调整了文物展览工作，丰富展出内容，协调展出方式，确立了原状陈列与专题陈列相结合这一独特的陈列展览格局。三大殿、后三宫及西六宫这些重要建筑延续原有宫殿布局，设计为宫廷史迹原状陈列，保留历史原貌，更能渲染真实的历史氛围。其他一些配殿，则将原有文物分类迁移于各个库房，房舍修缮完成后辟为文物陈列室，举办各类主题展览。这种布局思想和展陈格局一直沿袭至今，随着故宫开放程度的提高，博物院的展览内容和形式也依据时代要求和观众需求不断更新完善。专题专馆展览的主题更为丰富，囊括了古建、书画、陶瓷、雕塑、青铜器、钟表等十多个主题。官网上可以详细了解到故宫常设的专题专馆展览、特展、艺术家作品展和赴外展览等活动情况；部分场馆还开发了360°VR全景参观体验功能，在线上就能直接领略故宫馆藏风采。

故宫博物院也非常重视国内外的文化交流。国内方面，故宫借助各类展览、学术合作等与港澳台地区保持着稳定的文化互动。国际上，故宫博物院与其他国家共同参与了多项展览活动和文物保护工作。故宫专门成立了中外文化交流研究所，为国际展览活动提供了学术支持，同时也与我国外交政策和文化走出去战略充分对接。近年来，故宫多次在海外举办文化创意展，带着美丽的中国文化，到过日本、比利时、韩国、澳大利亚、新加坡等多个国家，让故宫文化的魅力透过文创作品生动地展现在海外观众眼前。故宫依靠文物展览在世界范围内传播了优秀的中华文化、提升了中国软实力，极大地增强了海内外同胞的文化认同和文化自信。

②故宫文创。故宫文化创新的脚步从未停歇，故宫博物院不断更新文创形式、创作出版物，尝试各种营销模式，利用"文物+文创+品牌"的元素融合方式进行了文化推广。文化创意的构思与落实、创作产品的开发与营销为故宫文化的传播和遗产理念的弘扬开辟了一条重要渠道。故宫从"阳春白雪"转变成寻常百姓的"喜闻乐见"。

故宫文创牢牢把握人民群众的生活和审美需求，以馆藏文物为核心，以创新理念为依托，兼顾历史文化内涵和社会时代潮流，创造了"故宫"IP，研发了日常家居、文艺纪念、彩妆首饰、文具、食品等多种系列文创产品，广受人们喜爱。故宫文创品牌推广利用了主流的电商平台和新媒体渠道，借助电视广播、综艺节目讲述文物故事、揭秘产品的制作理念和工艺；依托新媒体平台建立互动拉近距离，快速广泛传播信息，提高品牌知名度；采用线上销售，利用电商平台海量用户基础，配合直观清晰的产品展示和介绍，充分激发观众的购买欲；实现品牌塑造、文化传播与产品营销的多赢战略。目前，故宫博物院在淘宝平台设有故宫淘宝、故宫出版社、故宫文创、朕的心意（故宫食品）、故宫文具等多家店铺；在京东平台也设有北京故宫文化服务中心、故宫文创、故宫出版社等多家旗舰店；微信小程序还上线了"故宫博物院文创馆"微商铺，公众可以简单快速地购买自己喜爱的商品。

故宫出版物也是故宫文化创意的一种重要形式，集艺术欣赏、历史文化、科普教育等多种功能于一体。近年来，《故宫日历》《宫里过大年》《喵 我在故宫过日子》《畅游故宫》等书籍屡受好评，社会效益与经济效益双丰收。除此之外，故宫博物院还尝试了多种文化创意的新形式。一是故宫博物院挑选和制作了集文物藏品、建筑风貌、书画、雕塑等 27 个主题的精美壁纸，供观众们收藏、下载和分享。二是故宫博物院与输入法联名，开发设计了"遇'键'故宫"主题皮肤，观众可以自由下载，为输入法添上故宫色彩。三是故宫与腾讯联合打造了主题漫画《故宫回声》，真实呈现了故宫文物南迁的历史经历。四是故宫博物院开发了十多款文化展示、体验、互动 App。五是《故宫里的大怪兽之吻兽使命》等以音乐剧的形式，给孩子们带来了一场文化盛宴，激发了孩子们的好奇心和求知欲，以他们喜爱的方式传递着中国传统文化。

故宫博物院始终坚持文化创新，通过丰富的文化创意形式和多样的文创产品，深入解读文物背后的故事，赋予故宫文化新的时代价值和不竭的生命活力。以此形式，故宫中不可移动的建筑、文物甚至无形的文化遗产、文化氛围都转换成可以留存、传递的实体形式，让观众除了现场感受之外，还能"把故宫文化带回家"。

③故宫纪录。从根本上来说，满足广大群众日益增长的精神需求和文化追求才是文物保护工作的核心，从文物出发，于人民落脚。故宫博物院始终以开放紫禁城、发掘故宫文化为目标，力图充分展现文物背后的智慧精华和文化内涵；故宫通过创新和改造，将晦涩难懂的文物本身转化为观众乐于接受和喜爱的内容，让文物和文化遗产与日常生活接轨；通过丰富多样的文化传播形式，如展览展示、文创产品、新媒体宣传、开放社会教育资源等传递中华优秀传统文化，塑造文化遗产的新时代内涵。故宫博物院始终坚持为文物注入"灵魂"、让文化遗产"活"起来，实现人民的遗产人民共享的根本准则，努力让 600 多岁的故宫永葆年轻、充满活力。

第二节　古典园林

中国古典园林，素有"纳千顷之汪洋，收四时之烂漫"之说，因其独特的艺术风格而成为世界文化遗产的一颗明珠。中国古典园林形式多样，既有富丽堂皇、气势恢宏的皇家园林，也有小巧玲珑、明媚秀丽的私家园林。多样的园林再现了我国古老灿烂的文明，是古代中国文化艺术、经济发展、哲学思想的综合反映。

中国古典园林是中国古代灿烂文化的重要组成部分，从有文字记载的商周时期的"囿"算起，中国古典园林从萌芽、生成、发展、全盛到成熟经历了3000多年漫长的演变过程。中国古典园林如石刻的史书般真实客观地反映了中国历代王朝不同的历史背景、社会经济的兴衰和工程技术的水平，同时也凝聚了人们的自然精神境界，是中华民族自然观、人生观和世界观的综合体现。

一、中国古典园林的形成背景

（一）大自然的造化

中国园林体系作为世界三大园林体系之一，其"虽由人作，宛自天开"的独特艺术手法，在世界园林体系中独树一帜。中国古典园林师法自然、融于自然、顺应自然、表现自然，其形成与大自然的造化密不可分。中国国土辽阔，自然环境的地域差异显著，河湖众多，花草树木、鱼虫鸟兽等种类齐全，山岳、峰峦、平野、深谷、河湖、瀑布、热泉、海岛等壮丽秀美的景观具有独特的自然魅力，为园林的构建提供了丰富多彩的造园材料，也为中国园林提供了不竭的艺术源泉。

（二）社会历史的发展

园林的诞生标志着社会文明的进步，是社会财富积累的反映。一方面，由于社会历史发展阶段的不同，园林的形成与发展也体现出不同的时代特点。商周时期社会生产力低下，人们对世界充满了未知，为满足生活需求与日常活动的需要，园林的雏形——囿，应运而生。随着生产力的发展，人们开始追求物质生活与精神享受，园林也由最初单一的狩猎功能向休闲享乐功能拓展。另一方面，社会历史的更迭变迁也推动了园林种类的变化，为新型园林的出现提供了新的契机。如魏晋南北朝时期，社会环境动荡不安，众多文人士大夫选择归隐山林，私家园林日益兴盛，寺庙园林产生。

二、中国古典园林的总体特点与分类

（一）中国古典园林的总体特点

1. 源于自然，高于自然

中国古典园林以自然山水园林为代表，以"师法自然"为基本造园法则，最大化地利用原生态条件，在保持原质的基础上进行人工修缮，使之融为一体，彼此呼应，追求与自然的完美结合，力求达到人与自然的高度和谐，即"天人合一"的理想境界。从西周时期建灵囿、灵台、灵沼到明清时期园林繁荣发展，自然山水贯穿中国古典园林史的始终。自然界中，山与水是构成众多美丽景色的首要元素，中国有名山大川、山水菏泽无数，或山环水抱，或山水相映，皆是在山水的映衬下凸显自然之美。中国古典园林的造园艺术师法自然、崇尚自然、寄情山水的价值取向也深刻影响了中国园林的发展，形成了以山水为骨架，源于自然，表现自然，而又高于自然的自然式山水风景园林。中国古典园林营造取材于自然，讲究自然天成，叠山理水均以自然美为标准。

2. 建筑美与自然美的融糅

建筑是园林构园的基本要素之一，具有休闲游憩的使用功能和观景造景的审美价值。中国古典园林以自然景观为主要观赏对象，无论建筑多寡，无论性质、功能如何，建筑都需要顺应自然，与山石溪涧、花草树木、鸟兽鱼虫等自然要素协调。因山就势，随高就低，力求与山、水、花木这三个造园要素有机融合在一系列的风景画面之中，突出彼此协调、互相补充，限制彼此对立、相互排斥，将建筑隐于自然之中，使自然美因建筑而更富情趣。因此，中国古典园林中建筑的选址、布局、建筑体量、建筑材料等方面均以顺应自然为标准，强调建筑美与自然美的融糅。

3. 包含诗画的情趣

中国古典园林既能"静观"，也可"动观"，触类旁通地将各类艺术熔铸一体，从局部到整体，都包含诗情画意。园林中叠山理水、亭台楼阁、楹联碑帖、花草佳木等均以文人雅士之情趣，寓唐诗宋词之意境，精巧构建出一幅幅玲珑俊秀的园景。园林中的许多景点名称借鉴了诗词文章的意境，如"月到风来亭"得名于韩愈的诗句"晚色将秋至，长风送月来"；"与谁同坐轩"取意于苏轼的"与谁同坐？明月清风我"。园林中的山石花木体现了园主的精神追求与生活诗意，如松柏之挺拔傲然、芭蕉之挥洒阔度、合欢之纤巧妩媚、杨柳之婀娜多姿，以及竹之潇洒风流、莲之亭亭玉立。园林的造园手法也与诗画艺术有着异曲同工之妙，讲究曲径通幽，近疏远隔，"藏"与"抑"成为园林艺术的一大要点。

4. 意境与蕴含深远

游人获得园林意境的信息，不仅可以通过视觉感受，也能借助于文学创作、神话传说、历史典故等信号来感受，更可以通过听觉、嗅觉来感受。如十里荷花、丹桂飘香、雨打芭蕉、流水叮咚，都能以"味"入景，以"声"入景引发意境的遐思。造园者熟练运用各种艺术手法，独具匠心地营造出多姿多彩的园林景致，使园林的一山一石、一花一木都蕴含着深远的意境。主题多样、精致巧妙的花窗、脚下如锦缎般延绵不尽的铺路、墙角散落的独特小品都是园林意境的体现。此外，还选取最能够体现园林意境的文学性文字对园林景点特色进行高度概括，让游人了解园林意境，如拙政园的"荷风四面""雪香云蔚""待霜亭""海棠春坞"便是以只言片语点出了景物的主旨意趣。

（二）中国古典园林的分类

1. 按隶属关系划分

（1）皇家园林

皇家园林是专供帝王与皇室成员休息享乐的园林。我国古代皇权至高无上，正所谓"普天之下，莫非王土"。皇家园林作为帝王居所，以规模宏大，多采用真山真水，园内建筑以色彩富丽堂皇、体形高大为主要特点，从而体现皇家威严，突显皇家气派。皇家园林在园林结构上有固定模式，一般由宫殿区、生活区和娱乐区三部分组成。现存的著名皇家园林有北京的颐和园、北海公园，以及河北承德的避暑山庄等。

（2）私家园林

私家园林为皇家的宗室外戚、王公官吏、富商大贾、地主等私人所有，多位于其府第宅院内部。私家园林受礼制的约束，规模与形式均与皇家园林区分开来，不得僭越，因此规模较小，园林内多为假山假水，建筑小巧玲珑，色彩淡雅素净，主要用于园主的修身养性、休闲娱乐活动。现存的私家园林有北京的恭王府，以及苏州的拙政园、留园、沧浪亭、网师园和上海豫园等。

2. 按园林所处地理位置划分

（1）北方园林

北方地域宽广，地形平坦，园林规模较大，且因大多为官僚、贵戚所有，建筑富丽堂皇。北方园林布局多采用中轴线、对景线，表现为"前朝后寝""轴线对称""一池三山""仿景缩景"等特点。然而，受自然气象条件限制，河川湖泊、园石与草木花卉都较少，常以灌木造景，假山规模较小，河湖较少，多为"旱园"，风格粗犷而秀美不足。北方园林比较著名的有一亩园、清华园、勺园、承德避暑山庄等。

（2）江南园林

南方地区由于人口密集，园林范围小，且河湖、园石、常绿树较多，加之受诗文绘画的影响，追求园林的诗情画意，所以园林景致较细腻精美，以水景擅长，常通过叠石、理水来表现山水之美，水石相映。其特点为明媚秀丽、淡雅朴素、曲折幽深，但面积较小，略感局促。南方园林中又数扬州、苏州两地较为有名，如苏州的网师园、环秀山庄，以及扬州的个园等。

（3）岭南园林

岭南园林因其地处亚热带，终年常绿，又多河川，所以造园条件比北方、南方都好。其特点是体型轻盈，强调山水的"自然特质"，追求"以小见大"；构筑精巧，装饰精美，精雕细琢，木雕、砖雕、漏窗等运用广泛；受西方文化影响，采用中西结合布局手法，极具开放性、兼容性和多元性。现存岭南园林，著名的有广东顺德的清晖园、东莞的可园、番禺的余荫山房等。

三、中国古典园林的造园要素与构景手法

（一）中国古典园林的造园要素

1. 山水之山——园林的"骨骼"

中国园林的主要标志为山水。山水是自然界中最引人注目的自然景观，是美的典型，几乎"无园不山，无园不水"。因为有了山水的存在，园林便具有林壑之幽美，溪流之灵动。园林是自然美和人工美相统一的艺术形象，山水也常被赋予人的品格，如"智者乐水，仁者乐山"。中国古典园林的山大多用来比喻君主，因此，山就成了皇帝的精神拟态——成熟稳重、彰显大气风范，同时也含有长寿之意。所以，自北宋以来，皇家园林的山几乎都以"万寿山"为名。这种"人化自然"的哲理也导致了中国人对山水的尊重，借山水以寄意，借山水以抒情，山水景观的自然美与人文美足以称奇。

叠山是中国古典园林四大造园手段之一，即造园者运用土石营造小尺度的峰、峦、壑、谷、悬崖、峭壁等形象，构成园林中的山景，形成峰回路转、洞壑幽深的山林野趣。中国古典园林中的叠石造山技艺可以说是"虽由人作，宛自天开"，是以大自然为师，对真山的艺术性再现。

山石美是形于外而聚于内。山石之所以具有审美价值，与其出于天然，古而有骨的内在特征有关。所谓"古"，是指山石虽形态万千，但都历经多年的风吹浪激、日晒雨淋，在漫长的年月中磨砺而成，是大自然鬼斧神工造就，天趣横生。山石还具有"瘦""透""漏""皱"等品格。"瘦"，是对石的总体形象的审美要求，即"壁立当空，孤峙无倚"。"透"为通过、穿过之意，指石孔相通。"漏"是指窍、孔、穴，主要强调石上有孔穴。"皱"为石面上的凹凸和纹理。

假山峰石常被用作园林中的主景，或用于特置观赏。然而，园林山石的功能不单表现于此，还具有更为广泛的用途，在造园艺术中，假山石不仅可以构成主

景、还可以用于分割空间、点缀空间，从而实现山重水复、层次分明、曲折幽深、小中见大的园林艺术之美。

2. 山水之水——园林的"血液"

水是中国古典园林中最具生机与活力的构景要素，是园林的"血液"。理水是中国古典园林四大造园手段之一，是古代造园者基于对自然河湖溪涧的艺术概括，以聚或分的方式构成湖海、池沼、溪涧、泉源等水体，并以山石点缀为驳岸、石矶、港汊，表现出水面的平远辽阔或水径的曲折幽邃。

无论是晴空万里还是烟雨蒙蒙，自然水景都是美丽动人的。水作为自然美学的对象，往往给人一种比山更亲密的感觉，成为园林造景的重要因素。水景可以丰富园林中的休闲活动，如钓鱼、采莲、漂流、划船等。水体与山石、花草树木及建筑的巧妙配合，也能形成各种生动迷人的景观。此外，园林中的水被赋予了人格的魅力，以其清浊衡量人的道德修养之优劣；以其昼夜奔流不息作为时间的意象警示与激励世人珍于现在，惜于所有；亦以其可动可静、动静皆宜体现养生的曼妙和精髓。

中国古典园林中的理水方式，常把水源做成流泉、飞瀑、溪涧、湖泊等景观以模拟自然。水自地下涌出则为泉，跌落断崖则为瀑。溪涧是泉瀑之水从山间流出的一种动态水景。溪涧宜多弯曲以增长流程，显示出源远流长、绵延不尽。中国古典园林中著名的溪涧景观，有无锡寄畅园的"八音涧"和杭州的"九溪十八涧"等，源于自然又高于自然。

池塘、湖泊是成片汇聚的水面。池塘形式简单，平面较方整。水中种植荷花、荇、藻等观赏植物，或放养红鲤等观赏鱼，再现林野荷塘、鱼池之景。湖泊是一个广阔而集中的水面，但相对于自然湖泊，园林中的湖泊面积较小，多为自然式水池，聚散得体、有聚有散为宜。

3. 花木——园林的"毛发"

花木是造山和理水不可或缺的因素，花木似山峦之发，山水之景离开了花木的衬托就没有了美感。花木将主体建筑烘托得巍峨壮美，是表达景观主题的重要组成部分。造园不只追求湖石玲珑，更追求莲塘花屿、古木奇枝，使紫竹、青藤攀缘于幽亭曲廊之外，碧桐、垂柳掩映于新花老树之间，从而赋予山林池沼、亭阁台榭，以至整座园林有着诱人的生命活力。

园林着意表现自然，对花木的选择标准有三个：一讲姿美，树冠之形态、树叶之形色、树皮之纹理及树枝疏密曲折均追求自然优美；二讲色美，树叶、树干、花都要求有各种自然的色彩美，如枫叶红、竹叶翠、丁香紫、桂花黄、玉兰白等，花团锦簇，多姿多彩；三讲味香，要求芬芳清香、自然淡雅。

园林以自然界造就的树木花卉为造园材料，但不是简单的利用，而是有意识、有目的地加以改造加工，再现一个高度概括、提炼、典型化的自然。中国古典园林中植物的显著特征在于其文化象征意义。受中国传统文化的熏陶，许多花木被视为高贵品质和高尚情操的象征。松、竹、梅宁折不弯、凌霜傲雪，被视为正直、高贵、孤傲不羁的象征，深受人们的敬重和喜爱。菊花取自陶渊明"采菊东篱下，悠然见南山"之意，被誉为"花中隐士"，象征着高风亮节、朴素淡泊的生活方式。荷花"出淤泥而不染"，常用于比喻不趋炎附势、洁身自好的高雅之士。清雅淡逸的兰花有君子之风，"何须九畹羡三湘，幽谷无人也自芳"，象征着幽居隐士，常被文人雅士吟诵。拟人化的花草树木皆含情意，其文化意蕴深化了植物之美，这是中国古典园林中植物的独特之处。因此，中国古典园林中植物的排列不仅考虑了植物的形、神之美，更是自然美和象征寓意美的经典艺术结合。

4. 建筑——园林的"眼睛"

建筑是园林的必要造园要素，是实现园林的居、行、游、观等多种功能的基础，兼具使用与观赏的双重功能，具有点景、隔景等作用。建筑还体现了人们对自然美与环境美的追求，凝聚了园林的美学特征与人文精神，奠定了园林文化的基调，是审美性与实用性的完美结合。

在建筑的选址方面，为满足生活及观景需要，园林建筑常选址于观赏自然景物、园林景象的最佳位置，注重与自然环境的协调。如在高崖绝壁松杉掩映处筑奇观精舍、在林壑幽绝处建山亭、在双峰夹峙处置关隘、在广阔处辟田园等，都是建筑成景的范例。得景与成景兼顾，如北京的颐和园中，佛香阁是园内主要观赏景观之一，同时也是俯瞰湖区美景的重要观景点。建筑布局注重对空间的规划过渡，建筑布局形式多样而富于变化，与自然环境相融，如采用敞轩、空廊等沟通内外空间促进建筑与自然的交融。建筑体量要量体裁衣，相地构建，使建筑与园林景象的体量、空间比例等相协调。在自然山水中，山水是主体，建筑顺应山水，因此在园林建筑设计中，建筑的体量相对较小，在园林景观构成的比重较小。建筑材料常采用自然要素，如竹子等，常使用竹材、木料作为修建亭桥廊道的原材料。

（二）中国古典园林的构景手法

1. 抑景

抑景，即欲扬先抑，先藏后漏，先将园林中的美好景致隐藏，使其不被一览无余，后随着游人位置移动，景观也缓缓展现。含蓄内敛是中国传统文化艺术的重要特征之一，相较于一览无余，欲漏先藏的抑景手法更能体现园林景观的含蓄深远，步移景异，景越藏而意境越深，从而提高了景观的层次感和艺术感染力，使园林更具魅力与意趣。

常用的抑景方法可以分为山抑、树抑及曲抑三类。

（1）山抑

山抑，就是借助假山来遮挡园林中的景致。比如，在园林入口处常迎门挡以假山，要绕过假山进入园中，方能观得园内美景，这种处理方式就是山抑。

（2）树抑

树抑，顾名思义就是借助树木来挡住园内美景。比如，杭州花港观鱼以雪松抑景。

（3）曲抑

曲抑，是将山抑与树抑相结合，达到"山重水复疑无路，柳暗花明又一村"的效果。

2. 借景

借景，是园林构景的主要方式之一，与造景相对，是在人的目光可及的范围中，将原本存在或自然存在的优美景象直接收纳到园林视线中的构景手法。园林的空间与面积是有限的，如何扩展园林的视觉广度与景观深度，丰富园林内涵，从而达到将无限收于有限之中的视觉效果，增添游赏内容与意趣，便需要采用借景的艺术手法。

3. 透景

透景是园林建筑常用的构景手段之一。在甲观景点观赏乙景点时，美好的景物可能会被高于游人视线的地物所遮挡。在有景可观的情况下，从阻挡观景视线的树木、建筑之中，寻找一个或数个理想的观景视线，开辟透景线，把远景引入观景线之中，并保证在透景线范围内，景物不受遮挡，实现较好的观赏效果，这种处理手法叫"透景"。透景反映了中国美学对"镜中月、雾里花"的追崇，既可幽化近景，又可叠化远景，虚实相间。

4. 添景

在眺望远方的风景点时，如果缺少其他景点在中间、近处作为过渡，景观就显得虚空而没有层次；而在中间添以花卉、乔木，近处的过渡景色便瞬间显得有层次美，园林空间也更具深度，这中间的乔木和近处的花卉便叫"添景"。中国古典园林中一般以形体较大、花叶美观的乔木作为添景，如香樟、银杏、玉兰等。在杭州西湖远观雷峰塔时，由于有了近处桃花和杨柳的过渡，更能凸显西湖之美，这种构景手法，就是添景。

5. 对景

对景，即相对，是一种景点与景点之间相互观赏与烘托的构景手法。指甲、乙两处观赏点互为观赏对象，从甲观赏点可赏乙观赏点、从乙观赏点可观甲观赏点的方法。在园林中，登亭台楼阁，可观湖光山色；湖中泛舟，可观亭台楼阁，这就是对景。对景处理可对称严整，也可自由活泼，根据条件而定，为了欣赏对景，一般选择亭、树、草地等能使游人休息逗留的场所作为欣赏对景的视点。如北京颐和园昆明湖上的南湖岛和十七孔桥，是万寿山的对景；要是以万寿山为主体，南湖岛和十七孔桥便成了对景。桂林雁山园中，碧云湖舫与涵通楼互为因借，互相烘托，对景成趣。

6. 框景

框景，指借助门、窗、山洞、树枝抱合而成的景框，有选择地将空间中的山水、人文景观框入画面之中的造景方式。景框形式有多种，有如意式、葫芦式、菱花式、贝叶式等，可谓多种多样。例如，在北京颐和园的昆明湖东岸北部，集中分布着玉澜堂、宜芸馆、夕佳楼等多处建筑，在这些建筑的室内，西向开窗，窗外近处可赏万寿山、昆明湖景色，远处可眺望连绵的西山群峰，每个窗框宛如一幅写实的山水画卷。又如，北京北海公园设有框景"看画廊"，可远观北海景色，视野极佳。杜甫"窗含西岭千秋雪，门泊东吴万里船"，呈现的就是这种意境。

7. 漏景

漏景，由框景发展而来，指通过花格窗隙、屏风隔断、竹林疏影、拱门环洞等稀疏之物的遮挡使美景漏出，丰富景色的层次，拓展景域空间，从而呈现一种若隐若现、含蓄雅致的构景艺术，引人寻幽探景。漏景需要综合考虑静态观赏效果与动态观赏时的景物视点。漏窗是中国古典园林普遍采用的漏景方式之一，在园林内部的分隔墙面或走廊旁的墙面上常常设有漏窗。漏窗的形式多样，图案丰富，如苏州沧浪亭的"一百零八式"漏窗，水光云影，透窗而出；苏州狮子林的琴、棋、书、画"四雅"漏窗，为园林增添了几分文人风雅。

8. 障景

障景，指为保护景观的美观性，用山石、花木对破坏景观美观性、和谐性的事物进行遮挡，隐藏园林美中不足之处，也可以形成新的美景。"极目所至，嘉侧收之，俗则屏之"形容的便是障景。如北京颐和园借太湖石、假山、草木等障景，使得院落景致幽深而极富层次。

四、苏州园林

"江南园林甲天下，苏州园林甲江南"，苏州园林作为中国江南私家园林的代表，从有记载的东晋南渡起，到明清时期鼎盛发展，直至清末已有各色园林170多处，现保存完整的有60多处。苏州园林在发展中形成了独具特色的造园风格，以中国山水花鸟的情趣，寓唐诗宋词的意境，在有限的空间内点缀假山树木，安排亭台楼阁、池沼小桥，给人以"麻雀虽小，五脏俱全"之感。其数量众多，文化内涵丰厚，艺术造诣精深，在中国乃至世界造园史上都具有独特的历史地位和重大的艺术价值。

(一) 苏州古典园林文化

1. 苏州古典园林的艺术特色

（1）讲究意境，追求神似

意境是中国古典园林的艺术灵魂，也是中国造园艺术的独特魅力所在。园林意境是园林中客观存在的景致与园主的主观艺术审美与思想情趣的统一。苏州古典园林常被称为"文人园林"，不同于规模宏大、富丽堂皇的皇家园林，苏州古典园林造园艺术深受地方政治、经济、地理环境及唐宋文人写意山水画等因素的影响，以精致、小巧、清新、淡雅、写意见长，尤为注重文化与艺术的统一，在意境、造园手法、建筑技巧、文化内涵等方面大量汲取文人写意手法，讲究意境，追求神似。

（2）以情写景，景中寓情

苏州古典园林常被称作"无声的诗，立体的画"，漫步于园林之中，不仅可以观赏景观外形色泽等外在之美，更可以了解其中蕴含的如诗画般的情趣。如"庭院深深深几许"的苦闷愁怨、"小桥流水人家"的幽雅闲致，以及"柳暗花明又一村"的阔达开朗。此外，苏州古典园林还通过匾额、楹联等诗文题刻与园林之中山水、花木、建筑的有机融合来寄托园主个人精神追求、艺术情趣、品格抱负等情感。如苏州怡园的"画舫斋"寄托了园主对自由飘荡、无拘无束生活的追求，网师园的"真意"、留园的"小桃源"则表现了园主对简单惬意的田园生活的恋慕。

（3）咫尺山林，小中见大

苏州古典园林小巧精致，占地面积大者十余亩，小则数亩，讲究收无限于有限，于咫尺之内再造乾坤。苏州古典园林小中见大的艺术特色主要体现在四个方面。第一，处理组织园林景观的空间变化。通过园林景区的划分，紧凑布局，丰富景深层次，强化园林的空间感，让游人徜徉于园林之中，可观多样的园景，而不觉园林体量之小。第二，合理规划建筑布局，延长观景线路，增加观景点，达到不同观景点景色变化多样、各具特色的效果。第三，准确利用对比与衬托的手法，把握园林内部各要素的尺度。以低衬高，以小衬大，如用低处的池水衬托假山的峭拔、用秀美的花木衬托水面的开阔等。第四，运用对景与借景的手法丰富园景。如苏州拥翠山庄仰借虎丘塔，俯借虎丘山麓景色，远借狮子山，近借园外景色增添游园之趣。

2. 苏州古典园林的造园手法

（1）源于自然而胜于自然

苏州古典园林的造园材料源于自然，造园手法参考自然，学习自然。园林中的山水花木都是模拟自然山水风光特征，并对其进行艺术化地加工提炼而形成的景观。如苏州园林叠石筑山以山的自然形象为蓝本，从真实山峰中探索岩石的组合与山体的形态，构造山峦、峭壁、洞壑、峰岩等自然形态，这是其源于自然的表现。不同于自然山峰，苏州古典园林在选址、布局、体量大小、景观设置等方面，参考环境及生活需要对叠山加以改造，这是其胜于自然之处。

（2）亭台轩榭不讲究对称

苏州古典园林中的建筑，无论是地理位置、形体外观、建筑疏密都绝不雷同，且类型多样，布局方式因地制宜、依山就势、灵活变化，除少数亭、阁外，建筑多围绕山、池设置，房屋之间常以廊道连接，形成绵延曲折的观赏线路。建筑布局除受其功能影响而变化外，还受园林内部景观的影响，为实现与景物的和谐统一，亭台轩榭星罗棋布、错落有致，不讲究对称，而富于变化，充满自然之趣。

（3）假山池沼完美组合

山是园林的"骨骼"，水是园林的"血脉"，苏州园林讲究藏山水于一园，在咫尺园林之内置入山光水色。在造园中，山有造山之法，水有理水之趣，山石堆叠常常让人恍若天成，池沼溪流引用活水以显生趣，山水相依，雄伟灵动。

（4）近景远景层次结合

为了丰富景观的层次，体现园林景观的深度，苏州古典园林的空间布局幽深曲折，常采用欲扬先抑的方式，通过假山、漏窗、屏风等对景观加以阻隔，游览者无法一眼看尽园林全貌，而需几经曲折方能层层领略园林内的亭台楼阁、山水花木之美，从而体验到移步换景的乐趣，获得回味悠长的享受。苏州园林构景不拘远近，除园内近景外，还善于借用园外远景以拓宽视野的深度。

（二）园林文化遗产的价值与旅游活态开发

1. 园林文化遗产的价值

（1）文化价值

文化内涵是影响旅游地及旅游产品吸引力的重要因子，园林文化遗产底蕴深厚，具有极强的文化价值。园林见证了历史的沧桑变迁，映射了园主的价值观与精神追求，园林中文人所作诗画，与友人间的觥筹交错，上演的无数动人故事等都成为园林历史中的一部分，对游客具有较强吸引力。此外，园林是中国"天人合一""君子比德"思想以及对神话仙境的向往与追求的具体体现。通过参观园林文化遗产，游客能够深入认识人与自然的关系，探寻蕴藏在园林中的思想，品味苏州古典园林的文化魅力。园林还是地域文化与中国传统书画文化、花鸟文化的综合体现。

（2）审美价值

中国古典园林受"师法自然"的美学思想影响，追求自然美与含蓄美，富含自然天成之趣。其建设选材、装饰内容均以自然作为最高审美标准，如在用材上多选用天然木料，色泽秀润，纹理自然多样，在装饰中常以自然中的山水树木、飞禽走兽、花鸟虫鱼为主要内容，林木盆景饱含自然野趣与神采，是山林景观的浓缩荟萃。园林内琳琅满目的藏品，墙面上镌刻的名人品题、法帖墨宝，以及厅堂上的匾额楹联则集中体现了园林的自然美、文学美、书法美、工艺美。苏州古典园林的粉墙、黛瓦、青砖、灰饰及窗格玻璃等各色彩饰，色彩多样，组合巧妙，以白、黑、青、红四大正色为主，体现了中国人传统的色彩观与宇宙图式，是园林色彩美的体现。

2. 园林文化遗产的旅游活态开发

（1）保护传承

①园林修缮加固。中国古典园林自晚清以后逐渐随着国运的衰退而衰败，中华人民共和国成立后，苏州市全面展开对古典园林的修复工作，逐步从恢复性保护、建设性保护、挖掘性保护走向开发性保护、接轨性保护，形成了苏州古典园林的特色保护之道。

②健全法律法规。完善园林文化遗产保护的法律法规是保证园林管理科学性和保护园林原真性与完整性的基本保障。苏州市政府高度重视苏州古典园林保护，严格按照法律法规的要求划定界址，限定保护范围，在不破坏原有风貌的基础上拆除与整体风格不相符的建筑。

③开展监测预警。苏州主动学习借鉴国内外遗产监测与保护的先进技术理念，建成了苏州古典园林管理监测信息预警系统和监测基础数据库，并且设立了苏州市世界文化遗产古典园林保护监管中心，对苏州园林中的环境、建筑、陈设、植物等要素进行全方位的信息采集、实时监测园林遗产内部各要素情况，定期提交监测报告，发现问题早报告、早治理，为园林文化遗产的科学保护与管理提供依据。

④鼓励公众参与保护。加强园林保护宣传教育，提升公众参与园林文化遗产的主动性与积极性是促进遗产保护的重要手段。苏州园林面向社会招募园林保护志愿者，从事园林监管巡查、园林讲解、园林摄影、园林文化研究、园林翻译等园林保护与传承事业，提升了社会各界对园林保护的参与感与积极性。

（2）旅游开发

①智慧园林。散客时代，跟团游不再是游客的第一选择，在游客自主出行的情况下，如何提供优质旅游服务，即时分析客流量，传达旅游信息，优化游客体验是园林文化遗产旅游不可避免的现实问题。为缓解客流压力，实现游客分流，苏州园林依托园林管理监测信息预警系统，对各景点客流量进行实时监控，在景区内部设置客流量实时播放牌，以帮助游客获取景区客流信息。此外，苏州园林还借助苏州园林官微，向游客公布客流数据，为游客提供全景语音讲解、红色旅游服务、年卡办理、园林线上、门票预订、园林资讯等旅游服务，并且，游客可以通过"苏州园林热力图"迅速了解"园林热力"分布，获取最佳游览线路，实时关注园林旅游信息与优惠活动等内容。苏州园林中还设置有景点打卡攻略栏目，可以获取赏花拍照攻略、"网红"景点和特色文创信息，极大程度上提高了游客的旅游体验。苏州还创新"最多买一次"绿色通道，将"一卡通"融入"一网通"，实现一网在手、畅游苏州，提升了游客游览的便捷性、舒适性与体验度。

②创新园林。苏州园林创新运用新技术，为游客提供沉浸式旅游体验。如虎丘山运用全息技术，推出《虎阜传奇》全息剧目，将自然环境、真实人物与虚拟影像有机结合，辅以历朝历代发生在虎丘的故事传说，将游客带入虎丘旧景之中，感受虎丘历史文化。沧浪亭的夜间实景演出《浮生六记》，不同于传统剧场式展演，表演场景根据昆剧内容而变化，游人亦跟随演员步伐，融入场景之中，在欣赏美妙昆曲，聆听沧浪亭动人故事的同时，欣赏园林夜色之美。

③非遗园林。苏州拥有大量非物质文化遗产，且是全国拥有最多世界级非遗的地级市。园林中的古玩摆件、家具小品都是苏绣、玉雕、核雕、桃花坞木版年画、明式家具制作技艺等非遗技艺的物质体现。香山帮传统建筑营造技艺、传统造园技艺等非遗更是与苏州园林的营造密不可分。将非物质文化遗产与园林相结合，不仅能够丰富园林文化内涵，更是对非物质文化遗产的保护与传承。漫步苏州园林，不仅可以欣赏昆曲、苏州评弹、吴歌、江南丝竹等传统音乐及曲艺与表演艺术，还能了解学习苏绣、苏扇、明式家具、糕团制作、绿茶制作（碧螺春）等传统技艺，体验端午、七夕、灯会等非遗民俗。

④私享园林。大众旅游时代，人们的旅游消费需求不断向个性化、多样化发展。苏州拙政园为满足游客对个性化、高品质旅游产品的需求，创新性推出"VP私人定制"特色游园项目。即游客可通过提前预约，在园林开园前一小时，避开人潮，私享园林，置身历史悠久的拙政园中，听鸟叫虫鸣，水流潺潺，赏花红柳绿，旖旎风光，感受古代园主浪漫惬意的园林生活。这一项目得到了大众的一致好评，近年来，拙政园"私人定制"产品不断升级，活动时间不断延长，活动内容也不断增加。参与"私人定制"的游客不仅可以在园林中闲庭漫步，还可翻阅古典书籍、品尝江南茶点、欣赏古琴表演、品茗论道等。拙政园"私人定制"旅游产品，是文旅融合的有益尝试，在保护园林文化遗产的同时，创新服务理念，拓展旅游项目，对园林文化遗产的旅游活态传承具有重要意义。

⑤园林会奖旅游。苏州园林大多厅堂齐备，建筑精美，会议设施完备，适宜开展大规模、高档次的会展活动，且苏州古典园林自然景观与人文景观丰富，拥有深厚的文化底蕴，将体现现代需求的会展旅游与承载古典园林文化的苏州园林相结合，不仅能够吸引高端客源，宣传古典园林文化，提升苏州园林影响力，还

能有效发挥展会效应，优化营商环境，带动地方旅游、文化、经济的全面发展。

⑥园林夜游。为延长游客停留时间，释放消费潜力，促进"夜经济"繁荣发展，发展园林夜游也成为园林旅游开发的新路径。一方面，苏州对位于重点商圈的拙政园、虎丘、耦园、怡园等景区延长开放时间，刺激每日"最后两小时"消费，发展园林旅游"夜经济"。另一方面，推出夜游产品，不同于白天的雅致明丽，在声光电的映衬下，夜晚的园林更能凸显出光影摇曳的意趣，给游客带来视觉、听觉等多感官的全新体验。

⑦园林解说。园林文化遗产具有较强的美学观赏性、蕴含丰富的历史文化内涵与科学价值，加强对园林解说系统的建设可以使游客更好地了解园林的景观价值、建筑风格、美学特征、文化渊源等内容，强化其园林保护意识。苏州园林解说系统主要包括人员解说与非人员解说两类。人员解说方面，苏州园林每年邀请园林专家、金牌导游员、学者教授等专业人才为园林讲解员进行理论讲授与实践教学。此外，还鼓励并邀请专家、学者参与园林导游工作，形成"苏州园林专家讲"的新风尚。非人员解说主要包括景点解说牌、景点宣传册、电子导游等内容。苏州网师园、留园等各大园林均为游客提供无线导游讲解。通过无线导游讲解，游客可以获得更为轻松、宁静的游园环境，深度体验园林之美。

第三节　古城民居

在人类历史发展的长河中，人们出于防御和聚居的需要，在自己的聚居地或山川隘口挖池筑城，进行各种建设，逐渐形成了我们现在居住的城市。这些城市与乡村因所在地理环境的差异，经过历代的选择，最终形成了各地别具特色的民居。这些古城与民居是地方历史和文明发展的见证，也是历史文化发展进程中留下的遗产。了解、保护、传承这些古城与民居是历史赋予我们的责任，也是我们应尽的义务。

一、中国特色民居的类型

古城除城墙外，是由一幢幢民居建筑组成的。中国地域广阔，因地理环境和文化习俗的差异，形成了丰富多彩、别具一格的民居建筑。下面简要介绍几种遗产类的地方民居。

（一）徽派民居

徽派民居是中国明清时期江淮地区民间建筑的典型代表。徽州是一个古地名，包括今安徽黟县、歙县、绩溪县、泾县以及江西婺源县等。徽派民居受到徽州独特的历史地理环境和人文观念的影响，具有较为鲜明的区域特色。总体特点表现为朴素淡雅的建筑色调，别具一格的山墙造型，紧凑通融的天井庭院，奇巧多变的梁架结构，精致优美的雕刻装饰，以及古朴雅致的室内陈设。

1. 青山绿水、白墙灰瓦的环境生态美

徽州自古有"无山无水不成居"之说。村落选址多借助山水格局，处于山环水抱的中央，地势平坦之地，遵循"负阴抱阳、背山面水"的建筑理念。徽州民居的外观明朗，一般都是白墙、青瓦、黑墙边，恰似一幅幽美的水墨画。比如黟县宏村，背靠古木参天的雷岗山，前临风光旖旎的南湖，傍依碧水萦回的浥溪河，整个村落设计成牛形，景色极为秀丽，有"中国画里的乡村"之称。徽派民居砌筑外墙的表面涂抹白石灰，盖瓦主要为小青瓦，经风雨侵蚀，白色外墙慢慢变成灰色，青色小瓦也变得墨黑，增添了岁月沧桑感。远处的青山静静矗立，与白墙黛瓦的民居遥相呼应，令人仿佛置身世外桃源。

2. 四水归堂式的天井庭院

徽州地区山多，民居建筑多为两层小楼。高墙深院，外墙高于屋面，窗户开在二层，房屋四周围合成方形的封闭空间，形成天井。天井四周的瓦面向内倾斜，雨水沿瓦面流入檐口的水槼内，水槼沿内壁而下，将雨水排入地下，俗称"四水归堂"，意寓"肥水不外流"，体现了徽商聚财的思想。天井还有很多的实用功能，如空气流通、采光及排水等。

3. 马头墙

徽州民居的屋顶在设计时将房屋两端的山墙升高超过屋面及屋脊，并用水平线条状的山墙檐收顶，墙头又都进行了艺术处理，装饰"卷草如意"一类的吉祥图案，这使它们看上去就像翘首长空的骏马，人们称之为"马头墙"。马头墙又称"封火墙"，因为徽州古民居呈聚落式，房屋间距比较小，再加上房屋内部都是木结构，所以防火居于首位。而马头墙便是在两端墙顶上砌筑的高出屋顶的山墙，为了防止火势蔓延。站在高处远眺徽州村落，高高低低的马头墙参差有序，在青山绿水间显示出一种建筑所特有的韵律美与和谐美。马头墙有一阶到四阶之分，称为"一叠式""二叠式"等，一般情况下，为三阶、四阶，再大一点的民居，也会出现五阶，俗称"五岳朝天"。马头墙还可以起到有效遏制火灾、抵挡东南季风、防盗等作用，颇为实用。今天，马头墙已经成为徽派建筑最重要的符号。

4. 精美的装饰

徽派建筑的装饰部分是非常精细的，广泛采用砖雕、石雕、木雕，这三者并称为"徽州三雕"。"徽州三雕"起源于宋代，在明清达到了鼎盛。其中，木雕最为精细，主要用于居室中家具、屏风、格窗等。石雕主要用于室外和露天装饰，多用于门窗楣罩和漏窗等，上有瓦顶覆盖。图案多取材于传说、花卉祥云、飞禽走兽三类，多借助图案的喻义或谐音表达美好的愿望。

（二）碉楼

碉楼是汉族和一些少数民族地区在历史时期兴建的一种以防御为主的多层塔楼式乡土建筑。目前，碉楼主要分布在青海、西藏、云南、四川、重庆、广东、福建、江西等省、市（自治区）。广东的五邑侨乡是全国目前现存碉楼最多的地方。五邑侨乡的碉楼与国内其他地方的同类建筑最大的不同，在于其建筑式样和建筑风格独特，中西建筑文化合璧，使其脱离了中国传统碉楼的样式和风格，自成一体。其墙体和部分屋顶装饰带有中式特点，但窗体装饰尤其是碉楼上部分结构具有明显的西式建筑风格，表现出浓郁的西式建筑景观意象。

（三）土楼

土楼，顾名思义，是用土夯筑成的楼。客家土楼，又称"福建圆楼"，庞大的规模、雄浑天然的形态、独特的聚居方式是许多民居建筑无法比拟的，以悠久的历史成为传统民居建筑中的奇葩。客家土楼将生土建筑技艺发挥得淋漓尽致，墙体建筑采用了以木架结构为主的夯土，建筑材料多采用岩石、黏土、竹子、砂石，具有极高的安全性、防御性和防火防震的功能，同时也因特殊材料的加工而形成了别具一格的建筑形式。

土楼形成的原因：首先是聚族而居的需要，客家人艰难的迁徙历程使得他们每到一个地方，同族人总要聚居在一起，便于团结互助，这样的方式某种程度也是延续中原传统文化；其次是安全需要，以前客家人居住的地方大多是偏僻的山区或深山里，野兽出没频繁，匪盗猖獗，再加上当地居民的侵扰，于是客家人建造起这种适合聚族而居，防御性又强的建筑。再次是人口稀少，因长时间的动乱，以及受瘟疫、自然灾害的影响，当地人口增长缓慢，还有部分人群往外迁移。种种因素共同作用，形成了客家人独有的建筑形式——土楼。

总之，因地域环境的差异，我国在各地都拥有独特的地域民居，它是我国多元文化的见证也记载了各地居民适应区域环境，表达民族信仰，不断创造新生活的历程。

二、古城丽江

丽江古城是迄今为止茶马古道上保存最为完好的文化名城。丽江具有悠久的历史，是滇西北政治经济文化中心，是汉唐时代通往印度等地的"南方丝绸之路"和"茶马古道"上的重要物资集散地，被形容是"马蹄踏出的辉煌"。

（一）茶马古道中的丽江文化

1. 茶马古道与丽江

在横断山脉的高山峡谷，在滇、川、藏大三角地带的丛林、草莽、沟壑之中，绵延盘旋着一条神秘的古道，这就是世界上地势最高、山路最险、距离最遥远的文化文明传播古道——茶马古道，这是一条完全由马蹄和赶马人的脚步踏出来的古道，在很多地段，它都是以羊肠小径的形式出现。

"茶马古道"，是以马为主要交通工具的民间国际商贸通道，源于我国唐宋时期西南边疆的"茶马互市"，其产生的最大源动力就是茶，兴于唐宋，盛于明清，地处西南的"茶马古道"是古代中国和西亚、南亚之间交通、交流的重要渠道。它是多民族政治、经济、社会和文化交流融汇的巨大平台，是延伸在云贵高原和青藏高原上巨大的血脉。

因康藏属高寒地区，海拔在3000米以上，需要摄入含热量高的脂肪，所以藏民的食物多肉少菜，而茶具有提神醒脑、助消化解油腻之功效，又含有大量维生素，自唐宋以来，茶就变成了西藏平民百姓的日常生活必需品。在藏区，有"宁可三日无粮，不可一日无茶"的说法。但是藏区不产茶，而在低纬度的云南和四川盛产茶叶，尤其是滇茶普洱、川茶峨眉毛峰等誉满天下。在中原地区，民间役使和军队征战需要大量的骡马，供不应求，西藏和四川、云南边地则产良马。于是，具有互补性的茶和马的交易，即"茶马互市"便应运而生。这样，西藏和四川、云南边地出产的骡马毛皮、药材等和四川、云南及中原地区出产的茶叶、布匹、盐和日用器皿等，在横断山区的高山深谷间南来北往，流动不息，并随着社会经济的发展而日趋繁荣，形成一条延续至今的"茶马古道"。

"茶马古道"路线有两条：一条是从云南的西双版纳、思茅、普洱、临沧、保山、大理到丽江，经迪庆及西藏的昌都、拉萨等地后，进入印度、尼泊尔等南亚及西亚地区；另一条是从四川的雅安出发，经凉山后交汇于云南丽江，再经迪庆、西藏等地后，进入尼泊尔等地区。丽江古城由于地处滇、川、藏交通要冲，是"茶马古道"上重要的货物中转集散地。丽江古城因商而起，商业内容围绕着"马帮""藏货"展开，"茶马古道"上的马帮因此能在这里满足自己的购买需求。丽江古城的建设格局和文化均受到了"茶马古道"的影响。如古城街巷铺地材料的选取、铺设石头的纹路及古城的桥梁设计等，都考虑了骡马通行的便利性。纳西族男子多行走马帮，女子在家配种骡马或经商，因此，当时的商业中心——四方街被称为"女人街"。

"茶马古道"上的马帮离不开丽江古城，茶马古道也成就了丽江古城的辉煌历史。因此，丽江古城被称作是"马蹄踏出的辉煌"。

2. 丽江古城的格局

丽江古城历史悠久，环境优美，兼具山水，纳西族等少数民族在此长期聚居，所以丽江古城的格局兼山水地貌，融多民族精华，特色鲜明，形成了独特的丽江风采。丽江古城风貌整体保存完好，自然美与人工美完美结合，艺术与现实有机统一。丽江古城因地制宜，依三山而建，房屋鳞次栉比，四周青山环绕。城中民居民族特色鲜明，造型朴实生动、装饰精美雅致。古城的格局展现了丽江人民对生活的深刻理解，体现人民群众的智慧结晶，是各民族文化碰撞交融的产物，是中华民族建筑文化的见证。

（1）古城的布局

丽江古城以水为核心，呈现特有的水巷空间布局，所以丽江古城桥梁密集，这也是丽江古城最大的特色。在外部造型与结构上，古城民居糅合了中原汉族建筑和藏族、白族建筑的技艺，形成了叠落式屋顶、小青瓦、木构架等建筑手法，在建筑布局形式、建筑艺术手法等方面形成了独特的风格。民居多为土木结构，比较常见的形式有"三坊一照壁""四合五天井""前店后院""一进两院"等。其中，"三坊一照壁"是丽江纳西居民中最基本、最常见的民居形式。

丽江古城未受中原建城影响，城中无规矩的道路网，无森严的城墙。据说这是因为丽江纳西族世袭统治者姓木，筑城势必如"木"字加框而成"困"字之故，所以避而不筑城，以求吉祥。另种说法是古城四周青山环抱，形成了天然的"城墙"，通往外地的要隘都有天然的关口，起到防御的作用，抑或是历史上的丽江并不是一座城市，而仅仅是一个集市。古城布局中以三山为屏、一川相连；水系利用三河穿城、家家流水；街道布局有着曲、幽、窄、达的风格。因为纳西族崇尚东方美学，丽江古城的格局是自发性的形成坐西北朝东南的朝向形式。

丽江古城临街的建筑是依据街的走势而巧妙排列。街巷道路在城市发展和交往中起着骨架作用，古城街巷是以四方街为中心，四条干道呈经络状向四周延伸，如蜘蛛网一般交错，建筑布局不要求整齐划一。这些建筑大多是商业性的临街建筑，主要分布在四方街、七一街、五一街、光义街官院巷、现文巷等地。街道两侧的建筑沿街道走势整齐排列，这些房屋与房屋之间紧紧相连，贯通全街。

丽江古城的民居一般分为正房、厢房、倒座、天井和厦子等部分。四合五天井的建筑形势与四合院建筑相似，只是四个角落多了四个"漏阁"。天井，除一坊房之外，纳西族民居中都有一个大的庭院，即天井，四周的房屋是以天井为中心来组织布置的，庭院设计很有纳西特色，一般采用鹅卵石、五花石等原料铺装，图案根据庭院大小或房主喜好而定，内容有象征着吉祥喜庆的图案，如"四蝠闹寿""如意吉祥""鹭鸳踩莲""鹿鹤同春""松鹤延年""麒麟望月""八仙过海"等。大幅图案也有的拼成简单的几何图形、吉祥的字体或纳西族东巴教的"巴格图"。其中，以"四蝠闹寿"最为常见，图案为四只小蝙蝠在四周，中间是一个大大的"寿"字，蝙蝠在东巴经中代表吉祥。在东巴经中，有《白蝙蝠取经记》，蝙蝠被认为是一种有灵性的动物。在汉语中，"蝠"与"福"发音相同，汉文化中的"福"也代表吉祥之意。"寿"在纳西族的文化中是长生不老、平安快乐的意思。丽江古城的居民素来喜欢在天井里种植花木培植盆景，满院常驻春色，户外门前、河旁井边也植树种花，使古城享有"丽郡从来喜植树，山城无处不飞花"的美誉，生活环境与自然融为一体。

（2）古城的建筑

纳西族融合多个民族的建筑风格，"三坊一照壁""四合五天井"砖木结构的建筑普遍流行，形成古朴清幽的民居庭院。丽江古城的建筑典型，体现了纳西人高超的建筑艺术，是中国建筑史上的一大奇观。古城至今仍保持着明清两代的建筑特色。"三坊一照壁、四合五天井、跑马转角楼"式的民居鳞次栉比。

古城建筑以木结构为主，二层居多，主人把一层作为店铺，二层作为起居。在条件允许的情况下，丽江民居引水入户、活水绕屋，或临水建屋。街道两侧全都是木吊厦建筑，二层的壁板上增加了一间厦子，这些厦子可以储藏货物，也可作通道之用，有时也可作会客、交往之用。沿街店面作小尺度的竖向划分，每幢多为三开间，由木柱分开，显示出一种"间—间—间"的明快节奏。临街面时，两面均加腰檐作为铺面，这样就成为前店后院的商业店铺，或是手工业兼经营的作坊，或是饮食店铺。这些建筑都是前店后院型的合院式建筑，有的店铺与天井相通，但是大多数店铺却是彼此独立的，只有沿街一面有一个出口。从店铺的一侧穿过一个过厅，可进入天井内，天井为院内的采光和通风提供了可能。建筑不矫揉造作，不掩盖结构的真实，临街一面都由木材构成，木柱和木墙全部外露，凸显出材料的自身质感。另外，山墙的衔接也比较有特色；有的用实墙完全封闭，不露出木柱和木墙；有的采用下墙上柱的方法，即雀台以下全部采用实墙封闭，上部露出木墙和木柱。墙体上用白色装饰，充满阳光和生机。

临街建筑走街入院，纳西民居大门口有两块石头，代表董神和塞神，象征着吉祥。古城建筑古朴、细腻，房屋构造粗犷，民居建筑的入口设在街上，随处可以通过过厅看见民居庭院中的假山、植物。

（二）丽江古城的旅游开发

1. 旅游开发激发了民族自豪感和文化自信

丽江旅游业促进了丽江当地人与外界的交往，加速了文化的互动与传播，必然会对当地居民的生活方式和思想观念产生不同程度的影响，包括语言、服饰、饮食、居住、习俗、社交方式等生活的方方面面以及价值观念、民族意识等思想观念。

20世纪80年代以后，丽江人与外界接触交往的机会日益增多，游客和各类考察研究者对纳西文化的喜爱欣赏，激发了人们的民族自豪感、文化自信心。在旅游开发、经济发展的同时，纳西人也进一步意识到民族文化、民族标签对个人、对民族的重要意义。丽江发展旅游业以后，民族文化成为其重要资本。从政府到学者到民众，都意识到民族文化是增强丽江魅力、保持丽江旅游业持续发展的重要因素。因此，政府作为丽江旅游形象构造的主导者、旅游宣传促销的主体，极力提升民族文化、突出民族身份。丽江本土的东巴文化被世人认识，成为纳西人致富的途径。漫步丽江街头，随处可见东巴文书写的纪念品和文创产品，纳西象形文字体验馆里每天更是人头攒动。参观文化院落、听纳西古乐、手工制作东巴纸，一系列的文化体验活动吸引了大量的游客来到丽江古城，体验诗意般的生活，领略民俗文化的神奇魅力。

2. 旅游的开发使丽江由"古城"变成了"活力之城"

随着丽江旅游业蓬勃兴起和迅猛发展，其在纳西族社会、经济、文化和生活中的作用和地位已不言而喻。通过品牌的驱动和引领，丽江游客人数及收入逐年快速增长。这一切完全得益于丽江创造了世界遗产带动旅游发展的"丽江模式"。古城申遗成功后，丽江政府设立了专门的古城保护机构——世界文化遗产丽江古城保护管理局，并建章立制、制定遗产保护资金管理机制和在核心区鼓励传统文化的开展，从战略高度经营民族文化，将古城打造成一座"活力之城"，从而使民族文化和经济成功对接，促进旅游业的发展。

丽江的活力还体现在沿古老河道两岸的酒吧和民宿上。自丽江旅游开发以来，好山、好水、好玩一直都是丽江古城旅游发展的主题。丽江古城的酒吧一条街将古城的夜点亮，更是年轻游客体验古城现代文化和传统文化融合的场所。丽江古城正在打造以社交需求为主的小酒馆、剧本杀、运动馆，以生活休闲需求为主的火锅、烧烤、夜市、电影院，还有以自我提升需求为主的书店、文艺演出、剧场等，共同焕发古城的活力。同时，旅游经济的发展为丽江经济发展注入了新的活力，提高了当地纳西居民的生活水平和生活质量。

"茶马古道"是"丝绸之路"的延续，是我国的滇、川、藏向西亚和南亚输出茶叶的重要故道。丽江还是那座"活着的古城"，还是因"茶马古道"而生的那个重要的商贸站点。未来的古城，应该呵护其原本的文脉和心脉，挖掘"茶马古道"文化，让其重拾其深厚的文化内涵，谱写"茶马重镇"——丽江古城的新篇章。你看马帮的痕迹还在这里，悠远的驼铃声依旧回荡在这里，茶叶的香气依旧弥漫在这里，茶马古道精神也依旧在这里，愿古城找回曾经的辉煌。

第三章 古建筑遗产的数字化保护技术

第一节 古建筑的价值与特点

古建筑指的是具有历史意义的新中国成立之前的民用建筑和公共建筑，包括民国时期的建筑。古建筑具有浓厚的文化内涵，对当代人来说具有十分丰富的价值，同时，古建筑的研究还需要了解古建筑的特点与发展历程。

一、古建筑的价值

（一）古建筑的文化价值

1. 建筑文化

（1）建筑文化的内涵

建筑文化既是广义文化包含的内容之一，也可视为一种狭义的文化概念，是构成文化的一个重要方面。建筑文化是以建筑为载体，以人文精神为主导，综合建筑思想、建筑观念、建筑意识、建筑意念、建筑情感、建筑思潮等相应的文化要素，通过技术手段和艺术方法所形成的能给人以意境想象和教化成果的物体化的文化形态。

建筑文化的基本属性主要包括四个方面：第一，文化性。建筑是文化的载体，而文化是建筑的灵魂。一个民族的文明与社会形态往往会反映在那个时代最重要的建筑之上。如中国的长城与故宫、徽派建筑、泰国的泰姬陵等；第二，艺术性。建筑文化的艺术性通过建筑的外在形式和内部空间表现出来，是空间美、环境美、造型美、符号美、装饰美的综合，主要体现的是一种"意境美"。如太和殿的"庄重"、凯旋门的"壮观"、宏村的"淡雅"等；第三，文学性。建筑与文学有着不同的表现形式，但从美学的角度看，两者又遵循着共同的审美规律。文学中描写建筑，建筑中产生文学。第四，社会性。建筑文化的社会性主要通过建筑的时代性、民族性、地域性等方面表现出来。以民居来说，华北地区有四合院，广西有苗寨，内蒙古草原有蒙古包，徽派建筑有祠堂。威尼斯因被亚得里亚海所环绕，被称为"水城"。平坦河谷因底架高于地面，致使干栏式建筑兴建。因此，建筑文化体现着一个民族的人文思想、风俗习惯等，是民族文化的血脉。

（2）古建筑文化

建筑是人类传统文化的结晶，是一定时期内文化的一种外在表现形式和载体，体现的是一定时期的文化在建筑方面的反映。建筑文化则包含了现代建筑文化与古建筑文化，古建筑文化往往有着比较浓郁的民族特色，是一个国家在漫长发展过程中人们对建筑的理解，融合人们对审美的认识，以古建筑的发展为基础，以古建筑作为载体，所承载的跨越时代却又彰显时代特性的文化属性和因子。

古建筑文化具有一个国家或一个民族或一个地区古建筑的属性，古建筑对古建筑文化的形成和发展具有非常重要的影响，中国古建筑具有中国特色，不管是平面、结构、空间，还是人与自然的关系、人与建筑的关系等，都涉及中国古建筑文化的方方面面，其从宏观到微观，从建筑到精神，都体现出中国传统文化的个性和特色，这也是中国传统文化赖以生存和发展的根源所在。

古建筑文化并不具有比较明确的时代属性和划分范畴，一般来说，古代留下来的建筑代表了不同地区在不同时代的建筑文化，彰显着某个地区特定时期内的建筑特性，是具有比较鲜明的地域特色的传统文化的一种体现，而古建筑则是古建筑文化内涵的一种外在彰显。

2. 古建筑的对比与调和文化

（1）对立观念

第一，多元并置，丰富强烈的对比设色。对比设色的手法是中国古建筑处理色彩的主要方法之一，小到一个建筑构件大到整个建筑组群都有这种手法的应用，可以说对比设色是中国古建筑色彩中最为典型的一个特征。"红绿相间"是中国古建筑色彩中最为常见的现象，《营造法式》所记载的装饰彩画做法便是青底彩画用红边，红底彩画用青绿边的做法。最为典型的便是明清时期的王府、坛庙等具有一定等级的建筑，其屋顶使用绿色的琉璃瓦，而墙柱则涂成红色，构成了大面积的红绿色相对比。在传统色彩体系中，红黄对比也是比较常见的。红黄两色自古以来便是高贵之色，作为权力与富贵的象征一直被皇家建筑所应用，因此色彩的这种对比现象也是皇家建筑表现得最为典型，其中最为常见的便是黄色屋顶与红色屋身的对比。以现存的北京故宫建筑为例，屋面采用色泽鲜艳的黄色琉璃瓦，屋身部位的墙、柱、隔扇等则采用大红色，形成了红黄两色的对比色调，突显了建筑富贵而华丽的气质。金色作为与黄色的相近色，也多用于和红色对比。但其使用面积不大，多半是红色中的点缀之色，常见的是红色官式大门中的金色门钉、铺首等。

建筑上除了两种色彩之间形成对比之外，还出现了多种颜色之间的比较。如官式建筑中黄色屋顶、红色墙柱、檐下青绿彩画，形成了红、黄、绿三种色调的对比效果。以承德普宁寺大雄宝殿为例，建筑整体呈现出了红、黄、绿三种色调的对比。比如，北京故宫的太和殿也集中体现了多彩的对比效果；黄色屋顶，红色屋身，汉白玉台阶，形成了三大部位强烈的色彩对比。另外，作为中国民居最为典型的四合院建筑也是集色彩对比于一身，设色体现着内外有别的原则。

第二，物生有两，二元对立的哲学观念。古建筑上对比设色的手法根源于中华民族二元对立的宇宙观，即表现的是一种对立统一的矛盾关系。传统思维认为世界万物不可能孤立存在，任何事物都存在着两个相反的方面，事物总是在对立双方的相互作用中存在。天下的事物都是具有两个方面的，事物变化的根本原因就是事物对立面的相互作用。"物生有两"的观点自提出以后便得到了很大的发展，成为华夏民族普遍接受的一个观点。

古建筑作为历史发展中的一个因素，其形态、构成等方面也必然受到人们的审美思维的影响：在空间上强调虚与实的对比，在构图上强调曲与直的结合。除此之外，更有官式建筑所强调的"礼"与园林小品所追求的"乐"的对比。色彩作为建筑上的一个组成因素，也同样存在着这种对比现象，作为古建筑色彩上最突出的一个用色手法，对比设色正是受到了华夏民族二元对立的观念影响。所以古建筑色彩色泽鲜艳、对比强烈，有红绿对比、红黄对比、黑白对比等。小到一个建筑构件大到整个建筑组群，处处体现对比。古建筑色彩虽然对比强烈但最终又在整体上达到了和谐统一，这种对比中追求统一的现象正符合了华夏民族对立统一的哲学观念。

（2）中和思想

第一，异中求同、多样统一的调和用色。古建筑色彩处理手法的另一个显著特点便是色彩的调和应用。中国古建筑向来用色大胆、色彩浓烈，往往一栋建筑上同时使用多种颜色，对比强烈，但在整体色彩上却不显杂乱，能够达到很好的协调。这其中主要源于古人在设色上调和手法的应用，使得古建筑上色彩种类虽多，对比虽强烈，但却能够做到多而不乱，达到很好的统一。古建筑色彩上这种调和手法的应用体现在各个方面，其中最为常见的一个现象便是色彩重复使用。通常是一个对比单元重复出现，形成一定的气势，使得原本小范围内对立冲突的两种色彩在大范围内达到了统一协调。当然中国古建筑色彩的这种变化重复并不仅仅是简单的单元雷同，有时这种重复还遵循着一定的规律与原则。单元色彩作为母体按一定的秩序交替出现，使得色彩之间的对比效果更加绚丽、变化更加丰富、整体色调和谐统一。以斗拱上的施色为例，如果其中某一斗拱采用的是斗绿拱青，那么相邻两侧的斗拱则分别是斗青拱绿。按照此规律排列下去，平列一行的斗拱则颜色相互交替出现，使得色彩变化而又统一。

第二，致中尚和、中和思想的体现。中国人在色彩上所追求的这种和谐统一绝不是一种即兴心态的发挥，更不可能是一种偶然想法的形成，它是中华民族几千年来"中和"思想的典型表现，是人们一种致中尚和心态的表露。作为中华传统文化中的核心精神，中和思想贯穿于华夏文明几千年的历史发展中，深深地影响着人们的思维观念、行为方式，以及人们所创造的文学艺术等作品，古建筑色彩上的调和用色也正是受到这种中和思想影响的体现。

建筑作为历史发展中的一个因子，也同样受到中和思想的作用。传统建筑中不管单体建筑还是群体建筑都强调统一协调的原则。在古建筑中，"有民居、园林那样淡雅朴素以协调为主的和谐，同时还有宫殿、坛庙那样雍容华丽，以对比为主的和谐"。而传统文化中所强调的"和"字，更多体现的是一种多样的统一，强调的是不同元素的异中求同。传统的木构建筑便是如此，无论是在构图上还是在色彩上都不仅仅是一种简单的重复集合,而更集中表现的是一种多样或对立元素的协调统一。当然,木建筑所强调的这种和谐统一并不仅仅局限于建筑本身,在建筑与自然的关系上也有所体现。中国古人把建筑看成自然的一个组成部分,不管是单体建筑还是建筑组群都非常重视建筑与自然环境的关系,喜欢把建筑与自然环境高度融合在一起。色彩作为建筑上的一个组成元素也同样体现了"中和"的思想。中国古人运用多种手法使得古建筑色彩在丰富多样的同时又达到协调一致。古建筑色彩虽说五色斑斓、多姿多样,但不管是皇家建筑的金碧辉煌,还是普通房屋的平淡素雅,在色彩的整体构图上都取得了和谐统一的效果。

(二) 古建筑的旅游价值

1. 多元美学价值

第一,形态美。古建筑的美学构思和艺术成就打破了屋宇外形僵直的格局,并以多变的造型与结构形成建筑物的曲线美,并附以玻璃、雕刻、彩绘等装饰艺术,给人以协调庄重的美感。绘画、雕刻、音乐、诗歌等各种艺术形式均在古建筑上有所体现。例如晋中传统民居内外装饰华丽,有木雕精细的垂花门,甚至正房梁下的挂落、雀替都有花饰。门窗都是木樘木楞,大多花纹繁巧、图纹各异。门窗做工极为精细,屋檐下椽木梁饰等都雕刻有彩画,大多古窑洞室墙裙上也有壁画,许多大户人家都用精美的石雕或砖雕做护壁。沿街巷的宅门特别讲究,门顶形式多样。檐下用梁枋穿插、斗拱出檐等,做法各异。

第二,自然美。从单体上而言,任何一座古代建筑都必须具备适用、坚固、美观三个要素,这三个要素又无固定的模式与绝对的标准,但都是与各地的自然条件、地理环境相协调的结果。古建筑无论民宅、寺庙、衙署都是由几座或多座建筑物围绕成一个或几个庭院形成一组建筑的完整格局。它们或依山就势,或平地设置,均主次分明、错落有致、前朝后寝、左右廊房、中轴线纵贯前后,围墙或回廊设于四周,加之古树掩映、花草相间、云蒸霞蔚、溪流环绕,形成了人工美与自然美的有机结合。

2. 社会经济价值

我国古代民居在审美观念、哲学思想的影响下,结合其他建筑形式,以规整的型制与建筑风格展示出其独特的地方特色和文化内涵，是人类长期适应环境的具体创造，表达了农业社会的乡情语言，标志着一定历史条件下地方社会、经济、文化等综合影响所形成的具有鲜明区域性、民族性和历史文化性的民居水平，是一种独特的文化旅游资源，有着广阔的旅游市场开发潜力。此外，各地区古民居建筑又受到不同传统礼制观念、风水观念、阴阳五行、占卜、卦术、历史故事、文化传统、道、佛、儒等因子的影响而别具特色。充满了神奇的建筑文化符号，引起各方专家和学者分别从时间和空间两条线索探寻古建筑符号的文化内涵，这些富含深刻文化内涵、作为喜闻乐见的旅游资源还有待深层次的挖掘。

3. 特殊功能价值

这是由古建筑的异质性——特色旅游资源所决定的，差异性是旅游业的灵魂，若古建筑失去差异性，也就不存在古建筑旅游资源了。礼制思想是中国传统思想的核心组成部分，古建筑作为中国文化思想载体的形式之一，更加注重营造传统的人文环境，从而形成了独具特色的建筑风格。以孝为先、长幼有序、尊卑有别等的封建观念在山西的民居院落都体现得非常明确。此外，古建筑布局、型制、陈设、装饰无一不受中国传统封建礼法的制约，诸多乡约民俗制约了人们设计和建造居室的各个方面：择地、奠基、破土、上梁、封顶、入住以及入口的位置、房屋的高度、型制的选择等，其中风水对民居影响最大。

二、古建筑的特点

中国古代建筑自成一派，在实践创造和交流融合中形成了独树一帜的鲜明特点，它初成于商周，绵延不绝，续至清末，跨越3000多年之久。中国建筑体系在变化中发展，在发展中稳定，也经历了巅峰和低潮，或欣欣向荣，或停滞衰落，建筑风格的变化则更加五彩纷呈。在发展过程中，中国古代建筑体系发展的根基不断巩固，核心特点不断完善，大致可概括为以下六个方面。

（一）以木材、砖瓦为主要材料

中国的古代建筑被称为"土木的史书"，木材和砖瓦是中国古代建筑最常用的建筑材料。木构架建筑之所以能作为主流类型被长期广泛地使用，是因为它与其他种类相比，具有取材方便、适应性强、抗震性好、施工快捷、便于修缮、成本低廉等优点，更适宜中国的地理环境和资源特征。木材质地较轻软，也便于加工和运输，因而木材成为中国古代建筑的主要材料。而黏土砖瓦的产生和应用则弥补了木材的缺陷，相比木材，砖瓦具有更好的耐火性和阻隔性，同时强度大、硬度大、耐磨抗压，使用的年限长。

（二）以木构架为主要结构形式

中国古代建筑以木构架为主要结构方式。木构架是屋顶和屋身的骨架，用木材作为立柱、横梁、顺檩等主要构件，构件之间再以榫卯相吻合，形成富有弹性的框架，以此承托屋顶或楼层之重。木构架做工巧妙，构造灵活。可以说，中国古代建筑应用、组合木材的技术，无论在高度、跨度，以及抗风、抗震等稳定问题上都代表了当时的先进水平。中国古代木构架主要结构包括柱、梁、枋、檩等，主要有抬梁式、穿斗式和井干式三种形式。

1. 抬梁式构架

抬梁式构架在春秋时期已初步形成，是中国古代建筑木构架的主要形式，使用范围广泛，主要盛行于中国北方地区。抬梁式即在台基上立柱，柱上沿进深方向架梁，梁上安短柱，柱上再架短梁，如此叠加若干层，在最上层架上立脊柱，形成一组梁架。几组梁架由枋连接，梁上再搁置檩，与枋平行，由此构成房子的框架。抬梁式建筑结构复杂、做工细致、结实牢固、经久耐用。这种结构方式的优点是室内少柱、空间大，可以加大建筑物的面阔和进深；同时更有气势，也可美化造型。因此，宫殿、坛庙、寺院、王府等大型建筑物常采用抬梁式构架，遗存至今最古老的唐代建筑五台山佛光寺大殿就是抬梁式建筑的典型代表。但其缺点是柱、梁等用材较大，消耗木材较多。

2. 穿斗式构架

穿斗式构架是由柱距较密、直径较细的落地柱直接承檩，在柱与柱之间沿房屋进深用一种叫"穿"的枋木，把柱子组成排架，再用檩横向连接成一个整体。这种构架施工简便，使用木材较少，节省木料，而且其网状的构造很牢固，抗风、抗震性能好。但柱、枋较多，室内空间分隔，相对局促，且较难建成大型殿阁楼台，所以我国南方地区和体量较小的殿堂楼阁多采用这种形式。

在实践中，人们总结了抬梁式和穿斗式构架的优缺点，将两者结合使用，即两头靠山墙处用穿斗式构架，而中间使用抬梁式构架这种混合式框架。混合式框架下，房屋的木构架形式和施工手段更为灵活多样，兼顾稳定牢固的同时，保证了室内空间的需求，也更加节省木材木料。

3. 井干式构架

井干式构架是一种最原始、最简单的房屋结构，不用立柱和大梁。其以圆木或方木连接成框，将木料平行向上叠置，转角处木料端部相互交叉，形成墙壁；最后在左右两侧壁上立矮柱承脊檩构成房屋，屋顶用原木做成。现有遗址遗存表明，在中国商代墓椁中，井干式构架已有所应用。井干式构架结构简单，易于建造；但又因其构造形式简陋，所以耗费木材较多，在绝对尺度和开设门窗上受到很大的限制；其通用程度不及抬梁式和穿斗式构架，一般山地林区使用较多。

（三）空间布局安排灵活

中国古代建筑采用框架结构，承重与围护结构独立。屋顶由木构架承重，墙体只起围护作用；外墙遮阳防寒，内墙分割空间。外墙上可以任意开门窗，室内可以不设隔墙，也可以用木材装修，灵活分隔，改变室内空间大小、形状。分隔方式可实可虚。实隔如屏门、板壁等，可以把室内隔为数个部分，以门相通。虚隔可以采用各种形式的花罩、博古架、太师壁等，半隔半敞，无须门窗；空间上既有一定分隔，又不会完全阻挡视线，可自由通行，实现隔而不断。虚、实结合中形成空间的巧妙分隔，相互连通又互不干扰。大型房屋还可以竖向分隔，房屋中部做单层高厅，左、右、后侧做两层，增加阁楼、回廊等。

（四）单体建筑实行标准化

建筑单体有长方形、六角形及正方形等多种平面形式，与建筑物立体形象密切相关。但无论单体建筑规模大小，一般都由三个主要部分构成：下部的台基、中部的屋身、上部延伸的屋顶。建筑单体以"间"为单位（两道屋架之间的空间为一间），采用模数制设计方法。各种单体建筑的形式、尺度、用料、构件乃至彩画都是标准化的，并按礼制规定来应用；每间房屋的面阔、进深和构件的断面尺寸，至南北朝后期已产生模数制，到宋代则更为精细完备。

模数制标准有助于简化设计、加快施工、提高建筑质量及估算工料，使建筑群保持相对一致的比例风格。我国木构架房屋能够大量而快速地进行设计和施工也得益于此。

（五）建筑组群采用中轴对称的院落式布局

木构架建筑规模宏大，不只依靠单体建筑体量，而是以组合体呈现；中国古代的宫殿、寺庙、住宅等，都是由若干单体建筑结合组群。所谓建筑组群，就是建筑单体在平面上的布局。中国古代建筑体系的平面布局遵循着一种简明规律：以庭院或天井为中心，若干座单体及相关建筑环绕其组成"院落"，再以若干院落单元组成不同形式、规模更大的组群。组合中，主次分明，既减少了筑造庞大单体建筑的技术难度，又解决了建筑的功能需求。北京故宫、明十三陵等都鲜明地体现了这种组群原则，它是我国古代建筑的显著特点。

一个建筑群不管规模多大，都是与外界相对隔绝的封闭空间。建筑组群至少有一个庭院，受"居中为尊"思想影响，建筑群的总体布局多均衡对称，有明显的中轴线：单体建筑和院落沿纵、横轴线分布，按重要性依次向两边布置。这种布局不仅反映了中国古代社会的礼教制度，也彰显了中国传统文化严肃、方正、井井有条的理性精神。

（六）色彩运用和装饰手段丰富多样

中国古代建筑所用材料以木材为主，由于木材易受风雨侵蚀及虫蚁蛀蚀，为延长木结构的使用年限，人们在木材表面涂饰油漆，绘制各种图案，称为"彩画"。彩画多位于内外檐的梁枋、斗拱及室内天花、藻井，绘制精巧、色彩丰富。中国古代建筑色彩十分丰富，或色调鲜明、对比强烈，或色调和谐、纯朴淡雅。宫殿、坛庙、寺观等大胆使用朱红作为屋身的主要颜色，形成红墙黄瓦（或其他颜色的瓦）的鲜明搭配。不仅如此，建筑材料中也大量使用有色琉璃砖瓦，还在木材、砖墙上进行雕刻，在石面上进行浮雕装饰，呈现了中国古建筑装饰的多样性和巧妙性。

"雕梁画栋"正是我国古代建筑色彩运用丰富,彩绘壁画、牌匾楹联、雕刻雕塑等装饰手段多样的真实写照。在建筑艺术与绘画、书法和雕饰艺术的融合中,中国古建筑的意境更为深远,内涵更为丰富。

中国古代建筑孕育、发展于整个中华文化的背景之中,社会意识形态对其产生了深远的影响,建筑构造和装饰受到社会文化的制约。一方面,建筑的体量、结构、样式、装饰、色彩运用都表现出森严的等级制度,敬天祭祖的礼制思想、以家长为中心的家族思想等也在建筑中得到充分反映。另一方面,古代建筑重视平面布局的设计,注重建筑物的组合效果;注重与自然的高度协调,尊重自然;在艺术表现中追求中和、平易、含蓄而深沉的美。这也是中国传统文化"天人合一"思想在建筑艺术领域的体现。

第二节 古建筑的改造

古建筑自从建成之后,历经了几十年、几百年甚至是几千年的风风雨雨,自身的功能性以及文化内涵在历史的长河中已经逐步消失。为了使古建筑的价值得到有效的体现,保证古建筑在未来能够为人们留下足够的研究价值,必须要加强古建筑的改造与修复工作。

一、古建筑的改造规划要点

(一) 保护性改造

1. 保护与改造的含义

从狭义方面来说,保护是指福尔马林式地保持原状不变,而从广义的方面来说是在保持特点和规模的前提下,进行修改、更新或使其现代化,即以更新与再生为基础的利用。保护是为了利用,利用促进了保护。建筑遗产因对人类有教益的、情感需求的、物质的用处,所以需要保护,而保护就是为了利用这些遗产为当代或者未来的各种社会需求服务。最终历史性建筑因利用得以保存下来。对历史性建筑而言，我国已由被动式的保护趋向于主动式的更新。关于古建筑保护的范围，涉及面较为广泛。在实施的过程中，一方面要注意保护古街区的历史风貌特征，更为重要的是保证当地居民的正常生活，同时也要保证古街区与周围环境相互协调发展。但是总体来看在古街区的保护过程中最为核心的矛盾点在于：如何协调现代生活的使用功能与古建筑风貌保护之间的问题，使城市能够保存历史的遗留，而在现代社会中更能保持发展前景。

改造指的是进行重建、着眼于满足新的功能需求，提高环境品质。改造可参照原有建筑模式及形式进行。保护和改造在城市的建设发展中占有举足轻重的地位，而完善的体系则可以使人们在保护改造中以经济、社会和环境综合效益为最终目标，指导人们选择优化方案，使古建筑在原有特色和风貌得到很好的保护的同时，通过合理的改造，使街区的经济、社会和环境效益得到较大的提升，从而更好地适应现代城市的发展。

2. 保护性改造的价值

（1）历史研究价值

保护和利用好古建筑，对历史文化名城有着非常重大的现实和历史意义。我们之所以能够发现城市的一些特点和美，就是因为我们还很幸运地能在城市中看到几条古街和几栋古建筑。古建筑、古街是历史文化的重要载体，是物化了的城市历史文化、记忆、信息，是对世俗文化的真实写照，是建设"旅游都市、特色都市"极为珍贵的资源，是研究城市发展史、陶瓷史、经济史以及民俗珍贵的实物历史资料。一个城市中拥有的古建筑、古街，不仅能唤起今人、后人对它的永久记忆，还能拥有解读其历史文化密码的钥匙。此外，从长远方面来看，如果一座历史文化名城没有历史风貌保留较完整的街区（不包括仿古建筑街区），那么其历史文化名城的称号就有可能被摘掉，所以，对古建筑、古街进行妥善保护和整治是极为必要的。古建筑保留了真实的历史遗存和历史风貌，蕴含着丰富的文化信息：古街可供考古科研和教育的开发，能唤起人们对历史、地域文化的热爱，引发强烈的认同感，是极为宝贵的精神资源。

（2）生活价值

对一些老城区中的古建筑、古街，也许有人会说："完全无法适应现代人的居住。"但是，人们却往往忽略了一点：一种居住形态的形成是一个持久的历史文化过程，一种生活形态的产生和成熟，必然有其内在的合理性与必然性因素。比如，人与自然之间的相互关系、人与人之间的相互关系、家庭观念、人的心理与居住的空间层次的契合等，都是人们在不断地跟自然、社会相互融合、相互协调的基础上逐步发展和成熟的。交通工具的改变、生活节奏的改变以及经济模式的改变等，都给现代生活与传统模式带来了相互间无法协调的矛盾，但传统居住的模式将为我们的规划与建筑创作设计提供灵感。而就老城区古建筑、古街而言，对其本身加以改造和更新创作，又能使老城区在新时期重新焕发出活力。

（3）旅游价值

后工业化时代的到来，使人们对生活有了不同的认识，旅游成了人们生活中不可缺少的内容。尤其在20世纪80年代以后，旅游有了很大的进步和发展，内容也从单一的只注重自然风光为主，发展到了今天的结合民俗风情。"贴近生活，回归家园"成为近年世界旅游的热门主题。在历史文化名城打造旅游区要切合实际，走出一条符合自身历史文化名城发展的道路。比如，对景德镇旅游街区的规划，首先要以保护和发展陶瓷文化以及古建筑遗迹为主题，其次是以推动城市的现代发展为目的。例如：将景德镇现在的古街重新规划为一条世界知名的陶瓷文化街区，古街本身的建筑群是景德镇历史积淀的见证，要完全保护其特色，将历史文化传承下去。仅仅只停留在保护上是不能满足现代城市发展的需要的。景德镇作为享誉世界的瓷都本身具有其优势，将陶瓷的制作工艺和产品的展销融入到古色古香的明清建筑群中，使得古街不仅只局限在建筑的表象上，更赋予了其陶瓷文化的内涵，成为旅游的亮点来吸引世界的目光，从而达到将陶瓷产业扩展到以旅游业为整体的街区模式，促进历史文化名城进一步发展的目的。

3. 保护性改造的要点

（1）注重文物建筑的真实性

历史的文物建筑应该被看作一个历史信息的载体，这个载体与历史信息的关系是生息共存、不可逆转或再生的。因此，保护的要素为文物建筑的存在性、真实性和整体性，其中真实性是最基本的要素。存在性是尊重历史的固有，真实性强调史证的可信，整体性并非意味着形式的完美。从这个意义上讲，传统观念中那种试图通过修复来恢复历史文物建筑形式的做法已不再被强调，取而代之的是如何保持历史文物建筑的存在和保证它们寿命的延长。由此，对文物建筑真实性的含义可以理解为历史的固有性、史证的可信性和信息的完整性三个方面。

在古建筑中，对其的改造首先应注意的一点就是对其的保护，这就要求注重古建筑尤其是一些文物建筑的真实性，维持其历史的固有性，保证可以让后人在看到这一建筑时能够获得真实、完整的历史信息，这也是保护性改造的重点。

(2) 注重日常的维护

目前的保护性改造的目的是延长古建筑的寿命，而日常维护则是一种间接却行之有效的方法。这种方法主要是经常、定期地检查古旧建筑和它的环境，及时清除隐患，避免破坏的发生，清洁表面积灰和脏污。这是古建筑保护最重要的措施，走在大街小巷当中随处可见日常维修用的脚手架和施工帷幕。很多重要的文物建筑一年到头都在进行维护，脚手架几乎是围着建筑在转。

(3) 注重古建筑的各方面价值

在古建筑中，文物建筑占了其中的大部分，文物建筑的价值有以下四个方面：其一，情感价值，包括新奇感、认同作用、历史延续感、象征性等；其二，文化价值，包括文献的、历史的、考古的、审美的、建筑的、人类学的、景观与生态的、科学的和技术的等；其三，历史价值，包括文明史的、考古的、人类学的、文献学的、政治学的、社会学的等；其四，科学价值，包括科学的、技术学的、材料学的、城规学的、建筑学的、景观与生态方面的等。即使不属于文物建筑的其他古建筑也同时具有以上多种价值或者其中的某种价值。因此对古建筑的鉴定、评价、保护、修缮、使用都要从情感的、文化的、历史的、科学的等方面综合着眼，而不是从（或主要从）建筑学的角度着眼。

关于文化价值、历史价值、科学价值的作用很容易理解，特别值得一提的是情感价值的作用，对这方面的揭示是近年来古旧建筑保护新观念的主要反映之一，其内容的核心是"文化认同"。所谓文化认同，其表层的含义是每个民族在社会文明进程中寻找自身落点的依凭，其深层的作用则是通过这种文化落点和文化归属的认同，在强调本体价值、尊重多元文化并存的现代社会文化趋势中产生一种凝聚作用，以期达到民族之间的共处和国家的巩固的目的。这种文化的认同感在我国的一些城市中都有所体现。当你走进一个文化名城时，你会很容易听到一个普通的市民和你讲述他所处的城市的历史、建筑时，都带着对自己民族文化的自豪感，这与当地的大力宣传和教育有关，也与我国的文化传统有关。

（4）与高度发达的工业设计相融合

随着我国改革开放进程的加快，我国各个城市中的工业都得到了极快的发展，工业设计也趁着这股春风得到了发展。工业设计的重新崛起和成功归功于建筑设计与工业制造的紧密结合，同一个设计师既能设计一座宏伟的建筑大厦，也能设计建筑空间中的一把椅子。很多古建筑的改造，在根本上就是依托工业设计的作品，对建筑本身几乎不加任何修饰，只是在其空间中摆放了适合它的功能的家具和灯具等。

（二）节能性改造

1. 建筑节能改造的必要性

当下民智已开，节能环保的理念早已深入人心，在可持续发展观更是成为国策的今天，我们应该适时地用新的眼光审视我们现在的发展模式的利弊。

我国首先是资源有限，其次是基数面积大、新建速度快的建筑又以远超发达国家的耗能水平消耗巨量资源，即意味着改造价值总量庞大，最后更重要的是，人民对于生活水平日益提高的期望和现在的室内舒适度以及社会环境质量不匹配。所以，如果要继续推进社会进步和经济发展、提高人民生活水平、减轻环境污染、保障国家能源安全最有效的方式就是推广建筑节能，而对既有建筑进行节能改造，采用提高建筑围护结构的保温隔热性能等适用的节能关键技术无疑是其中潜力最大、效费比最高的措施。既有建筑既包括我们现在居住与工作的房屋建筑，还包括一些古建筑，这些建筑的建设时间早，甚至与现代化的居住条件不相符，对这些建筑进行节能改造具有重要意义。

2. 古建筑节能改造的要点

（1）建筑气候缓冲

日本建筑师善用灰空间这样的过渡空间来处理建筑与场地的关系，以达到人与自然的和解、建筑内与外的融合。殊不知，在中国苏州的传统建筑中，檐廊、天井等有相似概念和功能的空间早已被用来组织建筑串联建筑群落，它们建造的最初目的是用来沟通室内外、使得建筑的使用者免受阳光直射、风吹雨淋之苦，但最后竟也成了一种建筑与周边环境的气候缓冲空间。

（2）墙体的保温隔热

古城区传统建筑的外墙一般是空斗砖墙，内墙做木质隔断，空斗墙是我国的西南和东南三层以下建筑常见的填充墙或者承重墙。砌筑空斗墙优点明显：可节省用砖、工时短、重量小但稳固性佳、热工性能好、私密性强等。因此，作为框架建筑的填充墙或低层民用建筑的承重墙依然被广泛运用。按照砌筑方法不同，空斗墙可以分有眠空斗墙和无眠空斗墙两种。有眠空斗墙，分为一眠一斗、一眠两斗和一眠三斗等，无眠空斗墙只砌斗砖而无眠砖，所以又称全斗墙。眠砖就是指平砌的青砖，那斗砖就是指侧砌青砖。空斗墙的隔热性能好主要有两方面的原因，一是因为其特殊的砌法在墙体内产生的空气间层，但是空气间层不是越大越好，在调研中，我们发现传统建筑的空斗墙间层中如果填充黄泥甚至是其他保温性能更好的材料，其保温性能更好；二是因为空斗墙的厚度，在苏州传统民居中，厅堂的外墙所砌的空斗墙墙厚可达300毫米，其热工性能比普通实心墙显然要好得多。

传统建筑中内墙常用木板墙作隔断。比如，苏州地区木材供应便利、来源广泛，作为建材的木材往往质地紧密，热阻大传热系数小，且易加工，但是对木材的过度使用会损害自然环境，反而不是现代绿色建筑的初衷。

（3）屋面

传统坡屋顶的结构从里到外依次为基层、垫层、防水层、结合层和瓦面。在我国南方的古建筑屋面中，多用小青瓦，结合层有使用坐灰的，基层则多为望砖和望板。苏州古城区的传统建筑的屋面一般属于有檩体系屋顶结构，铺设方法多为冷摊小青瓦，即在檩条上钉固椽条，然后把挂瓦条钉在椽条上直接铺瓦。南方多雨，相比于对保温的要求，屋面的防水性能要求较高，因此会在椽上部位加铺盖瓦或者仰瓦。冷摊瓦屋面虽然构造简单、成本低，但是封闭性差，仅靠瓦之间的衔接导致雨雪天易发生滴漏，且保温性能一般。此外，苏州夏季炎热多雨，为了隔热会在草架上加覆水椽形成双层屋顶，覆水椽就是把椽的铺设像一碗水扣过来一样，从而让水可以沿着屋顶滴下来，然后在椽条或者椽木上铺设望板或是钉木望板，在其上铺一层油毡，通过坐灰固定小青瓦。而采用两层小青瓦构造的好处在于两层瓦之间形成了作为隔热层的空气间层，这个空气间层可以形成一个冷热空气的交换，进气口设在伸出的屋檐尽头，出气口设置在屋脊处位置最高处方便热空气流出，根据气体热压原理，太阳辐射到屋顶的一部分热量会通过空气流动而被带走，屋面内表温度会降低，这样由屋顶导入到室内的热量也会随之减少。

（三）整体移位性改造

1. 建筑物移位技术

（1）托换技术

托换技术是指既有建筑物进行移位或加固改造时，对整体结构或部分结构进行合理托换，改变上部荷载传力途径的工程技术。在建筑物整体移位工程中，托换技术是最为关键的技术。目前，在建筑结构的加固改造、建筑物整体移位、地下工程、隧道工程等工程领域中，托换技术被广泛地应用。托换工程所包括的内容较为广泛，相应的托换方法多种多样，一般可分为两大类，一类是基础托换，一类是上部结构托换。基础托换的主要方法有：基础扩大托换、桩基托换（包括石灰桩、静压预制桩、打入钢桩、锚杆静压桩、灌注桩等）、碱液加固法、基础加压托换和加强刚度托换法等；上部结构托换包括梁板托换、柱托换和墙体托换。

（2）移位轨道布置技术

建筑物整体移位工程的移位轨道通常包括下轨道和上轨道，其具体形式与移动方式有关。工程中常用的移动方式主要有以下三种：滚轴滚动式、中间设滑动平移装置和中间设滚动轮。与滚轴直接接触的上托换梁及其下面的钢板称为上轨道。上轨道形式简单，基本采用钢筋混凝土梁加钢板的形式，又可称为上轨道梁，其底面一般是10~20mm厚的钢板，也可将钢板作为上轨道梁的底模并代替该梁内纵向钢筋；下轨道指移动界面下面的轨道，一般由下轨道基础和铺设的钢板或型钢组成，通常称为下轨道梁。当前工程中的下轨道梁大多采用钢筋混凝土条基形式，当结构形式不同、地基情况不同、平移过程中的荷载不同时，也有工程应用了其他形式。

（3）地基处理技术

建筑整体移位工程中，当地基条件较差时，一般需要进行地基处理。地基处理包括新基础的地基处理以及平移过渡段（新旧基础之间）的地基处理。整体移位工程新基础下的地基处理主要有以下要求：地基应有足够的刚度，防止不均匀沉降的发生；施工振动要小，防止对原建筑产生较大影响；地基的可靠度可适当降低，因为多为临时性结构对可靠度要求较低。主要方法有：换填垫层法、夯实水泥土桩复合法以及石灰桩复合法等。

（4）移动系统设计

移动系统由滚轴、钢板、加荷动力系统和反力支座组成。根据动力的施加方式主要有三种：推力系统、拉力系统以及前拉后推系统。移动的方式主要有滚动和滑动两种。滑动的优点是平移时比较平稳，轨道受力均匀；其缺点是摩擦阻力大且平移速度缓慢。滚动的优点是摩擦系数小，平移速度快，在平移中震动较大。其中，滚轴多采用实心钢辊或者钢管混凝土。工程中常采用的滚轴直径为：钢管混凝土和高强钢管滚轴，直径为 60~150mm；实心钢滚轴直径为 40~100mm。

（5）上部结构分离技术

平移工程中常用的分离方法为人工切割和机械切割，砖墙体与基础分离通常采用人工切割和半机械切割，而混凝土柱与基础分离通常采用机械切割。分离过程中，上部结构逐渐失去与地基的嵌固约束，成为与基础分离的独立结构。所以，应采用振动较小的分离方法。

（6）就位连接构造

建筑物整体移动就位后，除在竖向移位工程中采用掏土抽砂迫降法纠倾不需要考虑连接处理外，其余均应将移位后的建筑物与新基础进行就位连接。在整体移位工程中，整体托换完成以后，建筑物的上部结构就要与其原有基础切割分离。为了使移动到位后建筑物的上部结构与新基础能够协同受力，需要将上部结构与新基础进行可靠连接，以达到移位前的整体性能和抗震性能，对以墙体为主要承重构件的砖混结构，其就位连接的关键技术在于墙体与新基础之间的处理，一般采用浇筑素混凝土的方法。砖混结构中的构造柱连接则类似于框架柱，需要对钢筋进行焊接。对框架结构或框架剪力墙结构，主要的承重构件为框架柱或者剪力墙，可以采用植筋或者焊接锚筋等方式将框架柱或剪力墙与新基础相连。目前工程中的就位连接方式有扩大基础法和隔震支座法。

2. 古建筑整体移位的要点

第一，整体托换体系应确保上部结构的安全，托换结构体系宜采用刚度较大的混凝土结构，托换方案应避免建筑物在托换和整体移动时变形过大。第二，整体托换后的结构传力应明确，在进行基础和整体托换受力构件设计前，应对古建筑物原结构的内力状况，特别是古建筑的墙、柱的原内力值进行全面的计算分析，然后根据每道墙、每个柱子的内力值，合理地设计地基基础和相应的整体托换结构受力构件。

第三，上轨道梁的计算模型应力求其受力明确、计算简单。计算模型的确定直接关系到上轨道梁的安全性、经济性与合理性。古建筑整体托换完成后，滚轴宜沿上轨道梁通长布置，这样上轨道梁的计算模型可以按放置在下轨道梁上的弹性地基梁的各项数值进行计算分析。

第四，合理考虑摩擦力的影响。考虑顶推力或平移过程中的摩擦力对上轨道梁受力的不利影响，托换设计时根据各轴线分配内力的大小不同，主要对上轨道梁进行抗弯和抗剪强度计算。

第五，就位基础应与上部整体托换体系相对应，保证建筑物在新基础上的整体安全性。

二、古建筑的改造规划实施

（一）古建筑保护性改造规划的实施

1. 古建筑保护性改造规划的原则

（1）整体性原则

保护街区的整体风貌是在古街区保护时应该加以强调的，其重点是保护构成街区景观中各种承载着历史信息的遗产和反映景观特色的因素。其中包括道路骨架、空间骨架、自然环境特征、建筑群特征；建筑房屋、道路、桥梁、围墙挡土墙、庭院、排水沟及古树名木在内的绿化体系等，都应该仔细研究鉴别并予以保护，从而使历史景观风貌得以延续。同时，还需要将街区的历史文化内涵保护起来，包括社会结构、居民生活方式、民风民俗、传统商业和手工业等。传统古建筑可以作为旅游、商业、居住用房等，最好的利用方式是发挥其原有的居住功能，而事实上大多数的传统民居建筑也正是以居住生活的载体形态而得以保存至今的。为了让居民能更好地在其中生活，对古建筑进行修缮，不仅使建筑本身"具有生命力"，更是对传统居住文化和居民本身利益的最好保护。

（2）可识别性原则

每一座历史悠久的文明古城都有自身的特点，这些特点与其存留下来的古建筑息息相关，比如，作为六朝古都的南京，其所存留下来的古建筑更多的是一些气势恢宏的宫殿楼宇等；又如景德镇，其以瓷器闻名于世，因此有着许多与陶瓷产业相关的独特建筑形态。因此，我们在对这些古建筑进行恢复的同时应重点对古建筑中独具特色的部位进行修复改造，重塑城市的特殊历史，要对建筑群的历史发展进行深入具体的分析，为建筑的保护确定具体的思路。比如，景德镇作为一个拥有高度发达制瓷业的城市，拥有历史悠久的制瓷文化以及丰富的制瓷遗址，这就是历史文化名城的衡量标尺与艺术价值所在。在街区与街巷中，处处可见斑斑驳驳的陶瓷文化遗物，使物质形态和历史文脉都得到了传承和发展。

（3）分级保护原则

根据价值评价标准的不同，古街区可以划分为多种级别，不同级别街区的保护更新程度有所不同。级别较高的街区实行从区段环境到历史文化景观和社会生活整体保护的原则，以保护为主、更新为辅。级别中等的街区应重点保护原有的特色空间结构、景观和社会生活等主要特征，保护与更新相结合。一般级别的街区则主要保护有价值与特色的空间结构、建筑、城市构件和社会生活等，在保护的前提下，加大更新力度。同一街区景观与遗产保护也要分级进行。在空间景观方面，道路、广场、内院、天井等公共与半公共空间两侧及视线可及范围的历史文化遗产与景观，和视线不可及的价值与建设质量较高的重要遗产，都属于重点保护对象。至于道路街坊的后部和中间部位的空间与建筑等，往往质量与价值较低，可以作为一般保护对象，适当加大整治开发力度。另外可以对街区建筑、道路、庭院等要素进行分级保护，以便准确把握街区特色，更好地确定保护对象与措施，掌握历史街区开发更新的"度"。历史街区中不同级别建筑的保护也略有不同。街区中除价值较高的历史建筑需要严格遵循历史建筑维修原则外，对大量性的建筑可以根据保存现状来决定。对保存着街区历史风貌特征的建筑要按原样维修、整饬，对其中经过后人不恰当改动构件已遭损害的部分可以恢复其历史原貌或原来的风格，对街区建筑的室内部分无价值的历史信息，可以更新为满足居民生活的需要。

（4）修复性原则

古街内的建筑在存续上百年的过程中，一般都经过住户的多次维修、改造。早年的改造、续建也具有一定的历史价值。我们对传统民居建筑进行保护时应保存民居的现状，这不是指保存现存的残破状况，而是指在维持原有形态的前提下，再附以各种维护结构所形成的"共同存在"的健康面貌。它可以是老的，但并非残破而不能继续其使用功能的。它包括了各个时期在这座传统宅院中留下的痕迹，是任何文字不能代替的原始资料。在古建筑的保护工作中，保存现状式的修缮所要达到的效果除了加固以延长其寿命并更好地为生活服务以外，还应要求它有明显的时代特征，使人们对它的"高龄"有一个比较准确的感觉，这种感觉的来源，除了从结构特征分析取得以外，其色彩、光泽更是不可忽视的，对供人们参观的传统民居来讲，后者更为重要。即如梁思成先生所说："是使它延年益寿，不是返老还童"。为达到这种维修效果的措施被称作"整旧如旧"，但前提是"整旧"，这仅适用于现存传统宅院的维修，而非使仿古的新建筑"如旧"。

2. 古建筑保护性改造的方法

（1）调整功能配置

在对古建筑的整体进行功能布局的同时，对古民居进行合理的适应性功能改造，将每处庭院都建造成有吸引力的场所，那么街区整体的活力自然会有所提升。在功能方面可以充分将居住、商住、旅游品专卖、传统手工艺作坊、旅馆等列入考虑范畴，不但能为古街区留下常住居民，体现当地"活化石"般的传统生活韵味，还能吸引外来游客驻足观赏。比如，在乌镇就有制酒、染布等传统的小型手工作坊。在对古建筑保护进行规划的同时，可将当地的历史文化作为背景，营建传统的历史文化工作室。比如，景德镇就可以营建陶瓷工艺工作室，无论是制作陶瓷工艺的环境、器皿，还是其过程都是非常好的展示品，与此同时又可出售制成品，对经济和文化都起到了良好的促进作用。文化遗产是有机进化的，根据古街区的需要进行有序的功能置换，以促进街区自身"造血机能"的进一步完善，解决其物质老化、功能衰退等问题。包括将居住功能向旅游功能转变、单一化功能的街区转化为多样化功能街区，复合型城市旅游商业文化街区的目标围绕旅游、观光、休闲等文化主题功能的植入并且合理地迁出部分原住居民等。

（2）符号移植

让一些小作坊、画坊、画廊、陶瓷商行、小博物馆、名人画室等回到古街区中是完全可以办到的。在古街区的改造工作中，最大的难点之一是如何重获古街区的生命力和活力。在国内现有的大部分古街区保护中，一般做法都是采用大规模商业引入以发展旅游。这种做法短期内能让街区繁荣起来，并取得一定效益。但长期来说，往往会使特色消失，使各地的街区同质化。在古街区发展商业的同时，要注重一定量的特色产业及相关产业的恢复与植入，形成街区文化特色。在功能重构的过程中又要尽力保持街区的多样化功能，这是古街区重获生命力的根本。在旅游产业的开发过程中，要着重文化旅游产品特色的开发和街区内旅游条件的改善。一方面是强化观光游、购物游到文化休闲游、体验游的旅游软件建设；另一方面是通过街区空间的改善、设施的配套完善、交通流线的组织等方面完成硬件的建设。

（3）恢复立面结构

在我国历史名城老城区的古街巷里历史风貌依然保存完好的建筑非常少，从街景中便看得出来。我国大多数保存良好的古街区虽然自古至今从未迁移过市中心的繁华地段，但也从来没有停止过改造、建设。因此，有较好历史风貌的建筑在街区、街巷内大多呈点状分布，出现几栋连成一小片的古建筑，是十分稀有的。因此，老城区内古街中很大部分的建筑面临着"改头换面"，而待整治的建筑的数量又是如此庞大，也让它们成为古街的主流印象。沿用现代的外立面结构，对有墙面的地方统一做白粉墙或者贴青砖、门窗洞口的地方一致装上格栅木门窗、店招牌也是一个样板。这是目前许多城市塑造古街的一种现实手法，从设计到施工的材料都比较容易实现，但对比人们印象之中的古建筑自然而然也是相形见绌。

首先，外立面结构通常是建筑由内部设计的一种外在表现，木结构和砖木结构的古建筑与钢筋混凝土结构的现代建筑，在外立面上是一个很大的区别。古建筑外立面的柱、梁、墙、门、窗层次结构清晰可见，但对现代建筑外立面而言，一般只有墙面与门窗。所以，建筑的立面的改造不只是换墙面、门窗，同时也要换结构，使整个立面可以展现出古建筑轻巧的木结构特点；其次，过去这些古建筑多由居民自己建造，而不是由政府或房地产商统一建造的，每个家庭情况不同，所建造出的房屋就必定存在差异，古街的街景就存在于这些微小的差异中。

（4）适度整治更新

将传统生活和现代化生活进行比较，可以发现两者之间的根本差异，从而对古建筑进行针对性地改造设计。在整治改造中，首先应做的就是有效地对生活基础设施进行改造，在民居住宅中引入现代化的卫生间和厨房，在保持建筑传统外观的同时，对建筑内部做出相应适当的改造，为居民提供一个较为舒适的生活场所，真正改善老民居群的居住条件。对老城区古街巷及场所节点处进行调研和测绘分析，统计室外公共空间的构成要素（包括路面材料、桌椅小品、绿化配置等），并量化地确定古街巷的比例，控制建筑高度和间距，使其中的街巷和局部广场的整治有据而行，以保持传统街巷的独特魅力。

由于年代久远，大多数古街区出现了自然衰退老化现象，应该在保护的前提下对古街区进行相应的整治，以便更好地满足居民生活。第一，应该对景观进行整治和修复。对一些违章建筑进行拆除清理，改善与街区风貌相冲突的建筑，并适当恢复部分损坏的立面。老化破损的围墙、铺路、踏步等进行适当翻新；第二，基础设施的整治和规划。规划配置街区给排水、供热、供气等设施，改善室内与室外的环境卫生、给排水、通风、电力等设施。应该指出的是，古街区的整治应该小规模、分阶段实施，不仅有利于做好良好的规划和细致的调查，及时解决存在的问题，而且便于筹集资金，有充分的时间精工细作，保存更多的历史信息。

(二) 古建筑整体移位性改造规划的实施

1. 古建筑整体托换技术

(1) 建筑托换技术的特点

第一,整体移位工程托换结构应形成刚度较大的托换折架或底盘。整体移位工程托换结构的主要作用是将上部结构的整体性和刚度增强,以保证移位时的结构安全。在水平移位工程中,平移前通过托换结构将上部结构的荷载从原基础转移到移位轨道上,平移过程中承担水平同步移动荷载,就位后再通过托换结构将上部结构的荷载从移位轨道转换到新基础上。竖向移位工程中,托换结构承受上部结构的竖向荷载和竖向顶升荷载;就位后,将上部荷载转换到加固补强后的基础或地基上。托换结构为抵抗各种荷载产生的内力和变形,实现安全的整体托换,应具有足够的刚度和承载能力。

第二,水平移位工程和竖向移位工程的托换位置和托换形式不同。水平移位工程中,托换多采用上部结构托换,托换位置一般设在基础上部和室内地坪之间。竖向移位工程中,顶升纠倾工程中的托换结构一般包括两个部分:一是顶升上部结构的托换结构和基础,二是地基加固的托换结构。采用其他方法的纠倾工程均采用基础托换技术。

第三,移位工程托换结构,既包括永久性托换,也包括临时性托换。移位后结构连接直接将上部结构的墙、柱与新基础连接,托换结构不再受力,为临时性托换。如顶升工程中,就位连接后临时支撑的千斤顶和包柱的托换梁就不再承担上部结构荷载。在绝大多数整体移位工程中,托换结构往往作为就位连接结构的一部分,继续承受荷载,为永久性托换,这样有助于增加就位后建筑物的整体性。对基础加固托换,通常为永久性托换。

第四,移位工程托换结构多为综合性托换。平移工程中的柱、墙和基础托换有多种方法,同一工程中根据不同实际情况可组合使用。根据不同就位连接方法,托换结构可以是临时托换,也可以是永久托换。纠倾工程中往往是补救性托换、预防性托换和维持性托换综合使用。

（2）古建筑整体托换技术基础步骤

古建筑物基础整体托换技术主要是针对古建筑平移顶升工程开发出的新技术。由于古建筑整体性差，上部承重结构设计简单且经历长时间的风雨侵蚀，采用现代常用的托换方法难以保证其主体结构的安全。如经现场调查和勘测，发现三座古建筑的基础分别为：文昌阁基础为杂填石；大雄宝殿基础为夯填土；教堂基础为杂填石。由此可见，三座建筑物基础整体性差，不能满足整体平移的要求，故必须对古建筑原基础进行托换，以确保寺内古建筑在整体平移中不发生破坏现象。由于基础整体性差，采用现代建筑常用的方法难以保证其主体结构的安全。经论证和分析，该三座古建筑基础适宜采用人工盾构法进行基础整体托换成整体大底盘混凝土基础。结合顶管技术，将人工盾构法应用于古建筑基础托换，即边挖土，边顶推箱梁，对原基础不造成削弱，且在顶进过程中对建筑物基础下方土的扰动性降到了最低，该方法在我们完成的国内多个古建筑整体移位顶升项目中得到了应用，应用效果良好。具体施工做法是：按照设计尺寸预制混凝土空心箱梁，将箱梁按一定顺序顶推到原基础下（事先做好顶推背后，提供均匀反力），工人可在箱梁内进行挖土操作，边挖土，边推进；顶推箱梁前开挖土方应分段进行，开挖尺寸满足顶推作业面即可，避免大范围开挖造成安全隐患；顶推过程中进行实时监测，发现偏差及时纠正，托换步骤如下：预制箱梁→建筑基础四周开挖（预留放坡）→浇筑混凝土护壁和顶推后背→箱梁就位→边顶推边挖土→箱梁内布置钢筋→箱梁内浇筑混凝土→浇筑混凝土边梁。

2. 古建筑群组轨道移位

（1）移位轨道的组成

建（构）筑物整体移位工程的移位轨道通常包括下轨道和上轨道，具体形式与移动方式有关。一般有三种，即滚动滚轴移位、中间设滑动平移装置、中间设滚动轮。其中第一种滚动方式较常用，第二种滑动方式和第三种滚动方式适用于房屋层数较少、竖向荷载较小情况下的整体平移。

与滚轴（滚轮或滑动面）直接接触的上托架梁及其下面的钢板组成上轨道，又称上轨道梁。上轨道大多采用钢筋混凝土梁加钢板的形式。

移动界面下面的轨道被称为移位工程的下轨道，该部分轨道由基础梁上铺设的钢板（或型钢）和下轨道基础组成，通常将轨道基础梁称为下轨道梁。

上、下轨道钢板或型钢的作用一是分散下轨道梁受力以及避免上、下轨道梁局部受压破坏，二是保证轨道接触面的平整，减小移动和滚动摩擦力。轨道基础的主要作用是避免出现因较大沉降和不均匀沉降差而造成上部结构的损坏，同时还将建筑物移动过程中的上部荷载传递给地基。

下轨道是移位工程中的关键设施之一，通常所说的轨道指下轨道。

（2）下轨道的类型

下轨道梁上铺设的钢板或型钢一般有三种类型，分别为钢板、槽钢和预制组合钢轨，其中预制组合钢轨由槽钢和钢板焊接后，内部填充细石混凝土组成。

下轨道基础根据材料不同分为钢筋混凝土条形轨道基础、砖石砌体轨道基础、型钢轨道基础和组合结构轨道基础，最为常用的是第一种。钢筋混凝土轨道基础的形式多种多样，设计时根据平移工程具体情况综合考虑施工条件和经济性选定。当移动距离较长时，新旧基础位置之间多采用单肋梁和双肋梁条形基础形式；当轨道基础下存在间隔的支承时，如原结构基础为条形基础或独立柱基，而移动方向和原条形基础垂直，在原基础范围内原基础为轨道梁的间隔支承，此时可采用矩形截面跨越梁式轨道梁形式；当原基础为条形基础，移动方向和条形基础方向相同时，可利用原条形基础进行改造，轨道基础形式，其实质为特殊的双肋梁条形基础。当建筑物层数不多、体量较小，且地质条件良好时，也可选用砌体轨道基础，上铺钢板。

（3）古建筑群体轨道移位实施的原则

第一，安全性原则。移位轨道选择应从安全可靠的角度进行判断，在进行移位轨道设计时，首先地基的承载力要满足要求，不满足时要进行地基处理，同时还要进行轨道梁抗弯、抗剪承载力和基础梁沉降计算，以保证各项指标满足要求。

第二，经济性原则。移位技术的最大优点是节省投资，移位轨道在移位工程造价中占有相当高的比例，合理选择轨道方案对工程造价影响显著。

第三，施工简便快速原则。施工要简便，尽量选择易于就地取材的材料由于轨道为临时结构，当需要拆除时应方便拆除。轨道施工工期对总工期影响较大，缩短工期有利于减少建筑物停止使用的损失。

第三节　古建筑的虚拟复原技术

一、虚拟现实技术下古建筑数字化复原设计

我国上下五千年悠久的文化历史，给人类留下了大量珍贵的古建筑遗产，但由于受到各方面因素的影响，这些古建筑年久失修而受到不同程度的损毁，逐渐失去原本的风貌，人们都在寻找解决损毁问题的方案，因此，将虚拟现实复原技术用于保护古代建筑物受到了更多的重视。在众多的不同种类的虚拟数字化复原技术中，运用计算机虚拟现实技术成为当今古建筑复原实践研究的热点内容，它可以利用 3 ds Max、Vrp 等三维制作软件来完成古建筑的实景测量数据三维模型开展渲染和重建，帮助顺利解决被损毁以及已不复存在的古建筑的实景测量问题，也对我国的文化遗产起到了保护和传承的作用。

（一）虚拟现实技术的概念

虚拟现实（Virtual Reality，VR）又称灵境或幻真，基本特征表现为沉浸性、交互性以及构想性，属于高级的人机界面。虚拟现实技术主要是运用计算机展开模拟从而产生形象接近于真实的三维虚拟场景模拟，实现了人与三维虚拟场景的实时互动。人们可以产生身临其境的感觉，同时产生出在真实世界中相同的信息反馈，虚拟现实技术的场景可根据观察者的鼠标动作进行即时的反馈，自动生成图像，但是虚拟现实的图像具有随机性和不确定性。目前古建筑数字化复原则是以虚拟现实技术为主要手段，其相较于以往的三维动画复原来说更具有人机交互性。

（二）古建筑数字化复原的意义

我国历史悠久，其中蕴含了丰富的文化艺术财富，古建筑遗产作为历史的见证，对于当今时代来说是非常重要的文化，可以通过传承保护和旅游开发的方式

进行展示，这对于古建筑的发扬更有历史意义。现存的大多数古建筑为历史古镇、宫殿、庙宇等，已经变成游客出行观光的主要景点。对古建筑的复原同时也是对传统建筑文化的传播和继承，由于受到经济、时间等方面的限制，大多数人对于古建筑的了解都停留在书本介绍之中，对古建筑的文化和魅力了解得不够深入，所以古建筑的复原具有重要的现实意义。

随着计算机的不断发展，可以通过三维建模技术和虚拟现实相结合，复原古建筑的同时将建筑文物进行交互展示，能为受到时间和条件限制的人们带来更方便的虚拟现实体验，在一定程度上降低了保护古建筑的难度和成本，让古建筑的文化价值和遗产价值得到传承。比如我国传统古建筑中的"斗拱"，对于这一优美的中国古建筑结构造型的应用就是缺少实物模型操作的实践条件。如果能够在计算机操作环境中建立"斗拱"构建模型及其虚拟艺术表现形式规则，这项工作将使得"斗拱"这一优美的中国古建筑结构造型艺术得到更加广泛地欣赏及普及，特别是吸引青年人积极参加，并使他们在得到良好美学训练的同时，发挥想象力，建构多种艺术形式。

（三）虚拟现实技术在古建筑遗产保护中的优势

虚拟现实技术可以借助三维建模对建筑进行数字化复原设计，在设计过程中可以在建筑专家的指导下一比一真实还原建筑的原始风貌，展现建筑的魅力，在建筑遗产保护和传承中有很多优势。

其一，由于建筑物件长期暴露在自然环境中，受自然灾害和游客的影响比较大，借助于虚拟仿真技术对建筑古迹进行立体化的数字模拟，游客可以通过虚拟现实的方式身临其境地感受建筑艺术的魅力，在丰富旅游资源开发的同时，也能减轻人为活动对建筑遗迹的损坏影响，还可以减小保护的压力。

其二，虚拟现实技术是基于古建筑数字化呈现的保护手段，内容和形式更为丰富，可以对建筑设计、历史价值、人文价值等进行深入挖掘和展示，对普通观众而言，深层次理解建筑艺术所带来的启发会更为丰富，这对文化的传承也更有帮助。同时，虚拟现实展示方式可以打破时间和空间的限制，对于不易到达的地方，参观者可以借助 VR 资源随时随地进行在线观摩，有更多的机会去认识和了解建筑遗产文化资源，这对于文化教育和古建筑的保护传承也会起到更大的作用。

二、虚拟现实技术在古建筑数字化复原设计及制作阶段的应用

（一）虚拟现实技术在古建筑数字化复原方案设计中的应用

在古建筑数字化还原项目确立之初，首先是结合虚拟现实技术的要求进行还原方案的设计，确保后期整个还原过程的顺利进行。首先对待复原的项目或建筑进行整体策划和设计，确保还原方案的科学性和可靠性。第一，选择虚拟现实的表现手法，结合项目还原要求选择图片模式或是三维体验模式；第二，选择古建筑系统还原的展示系统及平台，例如虚拟实验室或数字博物馆，不同的平台选择要对应不同的设计方案；第三，进行合理的时间安排。虚拟现实技术的实现相对复杂，应该合理根据项目实际情况做好安排和规划；第四，确定虚拟还原作品的参数。包括大小、分辨率、清晰度等等。

（二）虚拟现实技术在具体制作过程中的应用

在古建筑数字化复原过程中，首先应该实际对古建筑进行勘测和考察，测量各项具体的数据信息，由此基本还原古建筑的形态，使其有一个大概的轮廓。在实际测量和考察过程中，重点收集古建筑的平面数据以及周边环境的数据。之后对待还原的古建筑本身、残余建筑以及周边环境进行摄影和拍照，留存图片和影像数据，在拍摄过程中要注重照片的清晰度，选择像素高的拍照设备。之后统一整理收集和获取的信息和资料，进行数据汇总，之后建立三维模型，然后对模型进行一系列的优化设计。在渲染效果能够满足还原需求的基础上，还原中尽量用最少的面来表现，之后制作场景，进行贴图、灯光、烘培。在最终制作完成之前，应该对虚拟现实系统进行测试，主要测试该系统的各部分性能，确保其兼容性、可靠性和稳定性能够满足复原的需求。

三、古建筑虚拟现实技术的应用要点

（一）贴图烘培与图片优化

古建筑数字化复原过程中，贴图烘培是整个设计及复原过程的关键步骤，由此在制作时应该额外仔细。在制作过程中，不同的数据模型对应着不同的图片格式，由此贴图烘培处理时要满足原图片的格式要求。采取相同的格式呈现，如此才能满足数字修复要求。同时还要对模型进行分类处理，确保复原的真实性。虚拟现实系统自带图片优化软件，在具体制作过程中应该对物体的贴图文件进行优化处理，适当压缩图片以减少显存的占用量，提升后期复原场景呈现的流畅性。

（二）交互式设计及编译输出

虚拟现实技术的场景复原设置需要借助摄像机完成，以交互式设计最终呈现。该过程中需要借助虚拟现实系统的程序模块进行编程控制，以此操作摄像机。所谓的交互式设计实质是指将人物角色载入到虚拟复原的场景中，在此过程中需要注意的是要结合场景实际的设定情况进行人物大小的调整，以免人物与场景不协调，影响最终复原的和谐性。虚拟现实技术有一项对虚拟的操作功能，在场景中设定角色的动作操作指令，就能达到最真实的人物仿真效果，只需通过系统程序模块编程便可实现。最终将所有模型以及所有指令利用编译输出功能实现格式转换输出，便可在计算机上运行，完成复原。

综上所述，虚拟现实技术是现代化众多科技技术融合的科学结晶，将其应用于古建筑复原中是现实可行的，并且为古建筑遗产的保护提供了重要的支持。在古建筑数字化还原的具体过程中，从设计到最终完成，其中的各个环节都要注重科学性，如此才能对古建筑进行整体环境以及建筑主体的复原，为我国古建筑保护提供有效的技术保障。

第四章 虚拟博物馆的开发与建设

第一节 数字博物馆的设计与实现

一、博物馆展示中的情境化设计

(一) 博物馆展示理念的更新与迭代

人类任何活动都是有目标的，设计则是实现这一目标的进程，是人类的基本活动之一。优秀的展示设计可以让博物馆展览更富有"感染力"，是对博物馆展陈大纲的再创造。博物馆展示设计作为现代设计的一个分支，既符合设计学基本规律，同时也体现出鲜明的独特性，在博物馆的发展过程中衍生出诸多博物馆展示设计理念和方法。

陈列展览旨在成为大量公众的沟通方法，主要是靠视觉与立体空间的方法，目的在于传达关于人类与其周围环境的物质资料的信息、想法与感情。展览是博物馆经验的核心，是针对观众且诉求感官的广义经验。展览是公关的物件呈现，没有附加意义的诠释，仅单纯以本身的物象呈现。展览是依据观众对物品本身的兴趣而做的物品展示。展览是基于物品及其辅助元素的一种传播媒介，在一个预定的空间内呈现，并使用特殊的诠释技法和学习次序，目的在于传达及沟通其概念、价值和知识。

博物馆展示设计理念的发展与进步，是博物馆发展的重要组成部分。展陈观念和设计理念的不断变化，推动了博物馆陈列展览不断推陈出新。博物馆展示设计理念反映了特定时期，整个社会和普通观众对博物馆展示的需求。

伴随着博物馆业的高速发展，自 20 世纪中期以来，博物馆学理论与实践不断充实完善，博物馆展示设计受到充分重视。在不同的经济、文化、技术背景下，博物馆的展示设计理念也在不断变化。可以梳理出以下九种主要类型：情节型、唯美型、参与型、交流型、系统化陈列、空间创造式陈列、戏剧化陈列设计、动态陈列、绿色陈列。各种设计理念相互影响，相互促进，共同带动着博物馆展陈的发展和革新。时至今日，这些设计理念依然在世界各地的博物馆展览陈列中发挥着重要的价值和作用。从中我们也可以看到无论早期的情节型设计、唯美型设计，还是近代的生态设计、互动型设计，都与展示情境密不可分，特别是数字媒体的介入，更是将博物馆情境设计带入一个全新高度。

（二）博物馆情境化设计手段与形式

在大量的博物馆展览陈列实践中，为了更好地呈现出展览主题、展品内涵，诸多博物馆情境设计手段和形式应运而生，带给观众更加丰富的博物馆参观体验，直接促进博物馆展示的推陈出新。博物馆情境设计方式灵活多变、各具优势，大多数情况会依据展品内容而采取多种设计手段综合运用的方式进行展示设计。为了便于论述，以下从归纳式、故事式、沉思式、重构式、发现式、体验式六个主要类别，对博物馆展示中的情境化设计手段和形式进行一定的概括和梳理。

归纳式设计将物品进行分组陈列，以展品本身展示为主，在展示设计中通常做出较少的诠释，一般仅通过展览标签、导览等简短的文字加以辅助说明。这种建立在藏品展示基础上的基本陈列形式，相对来说比较好实施，因此在各类型博物馆的展览陈列中得到非常普遍的应用。这种展示方式虽然便于操作，也能带给观众非常直观的视觉体验，但是其本身具有一定的缺陷。归纳式设计虽然为观众呈现出丰富的展品，并通过分门别类的梳理和说明，对观众理解展品起到一定作用，但是由于缺乏对展品之间关系的阐释，普通观众很难真正理解展品背后所蕴含的信息，相对单调的展示形式也容易引起观众的审美疲劳。

故事型设计力求通过讲故事的方式来呈现展品。博物馆展示设计通过特定的线索，将各种展品与历史、人物、情境相结合。每一件展品并不是单独呈现，而是整个展览叙事的元素，共同为观众讲述其背后的故事。故事型的情境设计对于普通观众有很强的吸引力，"故事可以让人们更加集中注意力"（莱恩·贝克斯），通过故事可以让观众更加深入地了解展品背后的内涵，因此这种方式被历史博物馆、自然博物馆、科技类博物馆等各类型博物馆广泛采用。特别是一些历史类博物馆，通过故事型的展示方式，以更加生动的方式展示出历史学家的研究成果，让混乱复杂的历史变得更加清晰。

沉思式设计是通过情境设计，呈现出美妙或者有启迪性的场景，并以此引发观众的沉思或冥想，通常被大多数艺术展厅应用。如：上海震旦博物馆在展示设计中就突破常规的陈列方式，将各种媒介手段运用于展示空间，通过现场气氛的营造为观众创造出独特的参观体验。沉思型设计强调美感与启发，但在真实的体验过程中，往往需要观众具备一定的知识储备与认知能力，否则很容易使展览流于表面，致使展览所蕴含的启示被忽略。

重构式设计是指在博物馆中重建一个真实或虚构的展示场景。我们经常可以看到在很多大型博物馆中通过搭建模型、立体布景，复原历史建筑，甚至一条完整的街道。例如：武汉的辛亥革命博物馆就大量采用了"重构"的方式向观众讲述那段战火纷飞的历史。展厅内通过模型、布景，结合多媒体的声音、光效，再现辛亥革命时期革命烈士英勇斗争的战斗场景。一个个逼真场景，让观众仿佛亲历那段战火纷飞的岁月，带给人们强烈的视觉体验和心灵震撼。

发现式设计打破常规展示模式，展示内容并不严格按时间或者主题顺序陈列。展览通过将展品以一种非常规的方式进行设计和安排，鼓励观众依据自己的兴趣在展示空间中探索知识。南京博物院的展览《帝国盛世——沙俄与大清的黄金时代》就充分利用数字媒体技术，将智能终端引入展览，观众通过智能平板与展品进行实时互动，探索和发现每件展品背后的秘密。

体验式设计更加强调观众的参与和实践，最早在科技类博物馆得到广泛应用。随着体验经济时代的来临，特别是伴随着数字媒体技术的发展，以及数字时代观众需求的转变，越来越多的博物馆将体验式情境设计方法融入博物馆展览陈列之中。

博物馆展示设计理念伴随博物馆发展不断演进。本书提出的数字媒体介入下的情境化设计理念及方法，是在借鉴各种传统展示设计理念和形式的基础上，结合数字时代媒介特征和观众体验需求形成的。

二、数字媒体介入下的博物馆情境设计

数字时代的博物馆展示模式和体验方式都发生了巨大的变化，博物馆情境设计也从而发生了质的变革。观众体验取代藏品展示，成为数字时代博物馆情境设计的核心。数字媒体为博物馆情境设计提供了全新的工具和手段，将博物馆情境体验从实体空间延伸至虚拟世界，诞生了网上博物馆、虚拟现实展示、增强现实展示、数字展厅、博物馆智能应用等全新展示形式，并呈现出实体与虚拟、静态与动态、线下与线上相融合的发展趋势。数字媒体介入下的博物馆情境设计以观众体验为核心，以展品为基础，以媒介为手段，以空间为容器，并以认知提升为目标（情境设计要素第四章详述）。

数字媒体技术发展至今，影响无远弗届，早已潜移默化地融入各类型博物馆中。目前，我国参照国际通用分类法，将博物馆划分为历史类、艺术类、科学与技术类、综合类四种类型。各类型的博物馆由于展品特征、空间特点、观众定位不尽相同，从而产生不同的展示设计理念和方法，对基于数字媒体技术的展示方式的接受程度也有较大差异。

基于数字媒体的情境设计首先被应用于科技类博物馆，并逐渐向综合类、历史类、艺术类博物馆渗透。数字媒体作为全新的展示手段，最早被引入包括自然博物馆、科学博物馆以及技术博物馆在内的科技类博物馆。科学博物馆是20世纪以来科技大发展的直接产物，特别是电气革命、信息革命之后，科技馆如雨后春笋般，纷纷在世界各地落成，几乎所有的大型城市都建起了科技馆。

科学性博物馆从建立之初就格外重视对新技术的引入和利用，从各种实验性质的展项，到各种可以交互的参与型项目，均有所涉及。通过展示人类科学技术成果启迪未来，对于青少年的科普教育，科学兴趣的培养有着至关重要的作用。基于数字媒体技术的情境化设计具有的多感官、交互性、趣味性特征不仅对儿童、青少年有着极强的吸引力，也更有利于观众对抽象知识的理解和学习，因此很早就被广泛地应用到科学类博物馆的展示设计之中，并深受观众的喜爱。

随着技术的不断发展成熟，费用的大幅度降低，以及数字时代观众对全新展示方式的期待，博物馆展览对新型展示技术的接受程度不断提升。除了具有先天

科技基因的科学博物馆外，各种自然类、历史类、纪念类、遗址类、艺术类、综合类博物馆，以及大量的特展、临展都开始引入数字媒体技术辅助展示。

长期以来推崇"原作"的艺术类博物馆也开始引入数字技术辅助展品的展示，并且起到非常好的展示效果。以上海震旦博物馆为例，整个博物馆以实物展品为主，在展示设计中充分发挥数字媒体技术的优势，将实物展品与动态影像、文字图形、三维模型紧密结合。在博物馆的展示空间里，设计者并没有像传统博物馆那样将陶俑放在展柜之中，而是结合投影，采取半开放式的展示方式，使动态的数字影像与静态的陶俑相结合，形成一个静动结合的展示情境，带给观众视觉享受的同时，也强化了观众对展品历史背景和艺术氛围的体验。而在四合院陶器的情境设计中，通过动态三维立体影像与实物展品相结合的方式进入程序，使观众在感受真实展品的同时，可以更加深入地了解古代四合院的内部结构和细节。基于数字媒体的情境化设计不但没有削弱实物展品的展示效果，反而大大提升了观众体验，也加深了观众对展品的记忆。

数字时代同时也为博物馆情境设计提供了全新的发展空间，诞生了包括网上博物馆、虚拟博物馆、增强媒体展示、数字展示等各种全新博物馆展示模式。全新的展示模式大幅提高了博物馆资源的利用率，通过各种数字媒介手段将观众的多种感官充分激活，使观众成为展览的一部分，参与到博物馆知识体系的构建中。

数字时代给博物馆情境设计带来全新的机遇和挑战。博物馆是一个具有时代性的机构，博物馆展示设计理念和设计方法也必须紧跟时代的发展与时俱进。基于数字媒体的博物馆情境设计不仅可以为观众提供更好的参观体验，还可以拉近与观众的距离，吸引更多的观众走入博物馆，爱上博物馆。

综上所述，数字媒体技术已经潜移默化地融入包括历史类、艺术类、科学与技术类、综合类等在内的各个类型博物馆的情境设计之中。数字时代背景下，博物馆体验变得日益丰富多元，从以视觉观看为主的博物馆参观体验，扩展至以增强体验、沉浸体验、虚拟体验、个性体验为特征（情境体验特征在第三章中详述）的数字时代综合式情境体验，并使观众在博物馆体验中获得认知能力的提升。

三、数字媒体在我国博物馆展示中的应用

(一) 新技术为博物馆展示注入活力

改革开放后，我国博物馆得到迅猛发展，特别是进入 21 世纪后，博物馆事业更是受到高度重视。数字媒体技术为博物馆情境设计注入新的活力。数字媒体技术普遍应用于各类型博物馆，基于数字媒体的情境设计在博物馆领域发挥出日益重要的作用。数字技术从最初的数据化采集、单独展项，逐步发展到信息技术在收藏领域、文博系统的系统化、专业化。在云计算、大数据的支撑下，向智慧博物馆的纵深方向发展。无论是信息技术还是数字媒体，都越来越多地融入博物馆展览之中，成为博物馆情境设计不可或缺的重要工具。基于数字媒体的博物馆展示不仅可以改善博物馆的参观体验，还可以有效地提升观众参与热情。

传统的公立博物馆馆藏丰富，一直是观众最主要的参观目标，伴随观众人数的增长，特别是博物馆免票制度的推广，博物馆展示空间不足、参观体验下降的问题开始出现。为了适应大幅增长的观众需求，不少博物馆都进行了大规模的改造和升级，但很多博物馆甚至包括很多知名博物馆，带给观众的参观体验依然并不理想。博物馆展示设计是尽可能地将藏品呈现给观众，大量的展品被陈列在狭小的展柜里，而一些知名展品前往往是人山人海，使观众的参观体验大打折扣。很多观众也仅仅是以"游客"的身份在博物馆内走马观花地转一圈。

很多传统公立博物馆往往建造年代较早，在空间设计上存在先天不足。而很多数字媒体展示项目需要较大场地空间，很多时候需要特定的光线控制才能实现较好的体验，传统大馆往往更多以传统模式展示为主，部分新媒体设备很难与展览内容结合，部分设备甚至被放在楼道和角落。在公立博物馆免费向公众开放后，大量人流涌入场馆加剧了这一矛盾。

通过将数字媒体技术引入博物馆展示，可以很大程度上起到分流观众、提升观众体验的作用。现在很多博物馆内部空间有限，在展区外围建立数字展区就是一个非常好的分流措施。传统休息空间被从展示空间分离出来，观众在休息区无所事事，喧闹嘈杂的休息区大大影响了观众的整体感受。将数字展示与休息空间

相结合则可以让观众在休憩的同时了解博物馆展览的主要内容和背景，通过休息区的回顾或预览，可以强化观众的参观记忆和体验，并为后续的参观奠定更好的知识储备，使整个博物馆的参观过程更加流畅。

我国近些年来对博物馆事业的发展格外重视，很多新兴的博物馆在建立之初就将数字媒体技术与整个博物馆展示体系紧密结合，通过数字媒体技术的运用带给观众前所未有的参观体验。其中比较有代表性的案例就是上海自然博物馆新馆。整个展馆最大的特点就是将展览实物展品与数字展示方式紧密结合，除了传统自然博物馆中的各种标本、化石、模型以外，每一个展项前都配置了相应的交互触摸屏，数字化的展示内容在新馆展示设计中发挥极其重要的作用。通过多媒体交互设备，观众可以在感受真实展品的同时，进行更加个性化的深入浏览。基于数字媒体技术的沉浸式剧场、复原生态情景、多媒体秀，更是将艺术与科学完美结合，带给观众耳目一新的参观体验。融入数字媒体的博物馆情境化展示形式深受广大观众喜爱。

相对固定的陈列展来说，特展是发挥数字媒体技术优势的最好空间。传统展示空间受限于空间和基础条件，对数字媒体技术应用来说有很大限制。面对空间、人流与体验效果的矛盾，除了兴建更多的新型展览馆，扩大展览面积外，充分利用传统大型博物馆的资源优势和品牌影响力，举办特展、临展，开辟独立的展示空间，也是一个不错的解决方案。数字媒体以其特有的趣味性、交互性、多感性在特展、临展中起到非常好的展示效果。通过将数字媒体技术引入特展可以在满足观众提升参观体验的需求的同时，为博物馆创造可观的经济效益，实现了经济价值、文化价值、社会价值共赢的良性循环。

基于数字媒体的博物馆情境设计给博物馆展示带来前所未有的变革，博物馆展示设计已经不再局限于固定的场馆之中，互联网、智能终端的普及，使观众的博物馆体验从真实空间延伸至虚拟世界。特别是在无线网络以及移动终端的快速发展下，传统的博物馆参观方式和体验方式发生了重大的变革。特别是在我国，智能手机和手机应用的普及率引领世界，通过将智能终端与博物馆展示相结合，可以充分发挥智能手机的优势，可以在提升观众体验、促进知识分享的同时，大大提升博物馆的文化传播效率。

博物馆展示与时代发展、技术进步密不可分，数字媒体技术为博物馆情境设计提供了全新的发展领域。智能手机的普及不仅改变了传统博物馆的参观方式和体验方式，更开创了数字时代观众感受博物馆魅力的新途径。通过智能应用可以使人们将博物馆藏品装入口袋，带入生活，人们可以随时随地"参观"博物馆。故宫出品的《每日故宫》移动端应用，就利用故宫丰富的馆藏，每日甄选一款馆藏珍品，带给人们一抹难得的轻松和惬意。这种便捷的体验方式不仅可以为人们带来精神上的享受，还可以使公众对博物馆产生感情。

基于移动智能终端的博物馆展示在鼓励观众参与展览的同时，也使体验的分享变得更为便捷。博物馆的分享具有双重含义，一方面是指博物馆与大众之间的知识分享，另一方面是指参观者与朋友之间的相互分享。数字时代的博物馆参观不仅仅是个人体验，同时也是一种社交体验，通过基于数字媒体的情境设计可以鼓励观众将自己的参观体验分享给朋友。个人体验的分享不仅是个人体验的延伸，同时也是文化传播和扩散的过程。观众可以在分享与社交中收获更大的快乐和满足，这种信息和体验的快速流动也极大地激活了博物馆的自身活力，让博物馆的文化资源发挥更大的社会效能。

一个博物馆活力的最大体现，就在于它与社会公众的接触。基于数字媒体的博物馆情境设计将博物馆与生活紧密连接起来。特别是在网络博物馆、虚拟博物馆以及智能移动应用的普及下，博物馆不再是固定的一个场所，人们可以随时随地"体验"博物馆，将博物馆融入生活，发挥出博物馆最大的价值。

基于数字媒体的博物馆情境设计在鼓励观众参与的同时，为观众提供便利的分享机制和学习机会，并将博物馆体验与日常生活更加紧密地联系起来，吸引更多的观众走入博物馆并爱上博物馆。数字媒体技术为博物馆情境设计注入强大的活力，不仅可以为观众创造出丰富的参观体验，更使观众在体验过程中获得最大的收益。

（二）技术运用不当所引发的问题

在我国博物馆的快速发展中，博物馆展示设计得到极大提升，部分博物馆的展示效果比肩国外顶级博物馆，带给观众非常优质的参观体验。数字媒体技术在提升博物馆展示效果、改善观众参观体验方面起到至关重要的作用。但是，技术始终不是博物馆展示设计的核心，技术的不当使用不但不能提升展示质量，反而会降低观众参观体验。

我国博物馆的展示设计表现为明显的两极化现象，一些优秀的博物馆人满为患，而也有很多博物馆即使是免费入场，也很难吸引观众。很多时候，并不是博物馆的展品不够精彩，而是博物馆的展示设计过于单调，展品被分门别类地放置于展柜内，大部分展项都设有围栏，禁止观众靠近。传统的博物馆展示设计对观众的吸引力不足，不能满足数字时代的观众体验需求。数字媒体技术介入下的博物馆情境化设计带给观众更加新颖的体验方式，可以有效地提升展览的展示效果。

从整体情况来看，博物馆行业对新技术普遍采取接纳的态度，新技术在各类型博物馆中得到广泛应用。但是，博物馆在对数字媒体的技术使用中也暴露出诸多问题。部分博物馆为了求新求异而陷入了技术误区，博物馆情境设计的核心是观众体验，展品作为情境设计的基础，与展示情境和展示手段密不可分。

对于博物馆展示设计来说，比起技术，更重要的是好的设计理念和设计方法。就目前我国博物馆现状来看，很多博物馆中的展示技术或设备与世界优秀博物馆相比并不落后，但很多时候最终的博物馆整体体验效果却并不理想。其中一个重要原因是对基于数字媒体的博物馆展示设计特征了解不足，数字时代的博物馆展示设计理念有待提升。

数字媒体作为重要的展示工具，可以呈现出实物展品无法展现的内容，有效地弥补传统展示手段的局限性。近些年国家对博物馆事业的重视程度不断提升，在博物馆展示中也投入大量的经费，但是如果只是生硬地将新技术引入展厅，缺乏对展品内涵以及展示空间的深度挖掘，忽视观众的接受能力，不仅不能带给观众更好的参观体验，还会造成巨大的浪费。由于所谓的求新对媒体技术的不当设计，致使博物馆的新媒体展项并没有发挥出真正价值，这不能不说是很大的遗憾。

在新技术的使用中，一个比较突出的问题就是，很多看似具有科技感的展示方式由于缺乏对展览本质的阐释，致使多媒体展项与展览内容脱节。由于过于重视展示的表达形式，而忽略了展示设计的真正内涵。数字媒体技术以其特有的方式吸引了众多观众的目光，但也正是由于数字媒体过于娱乐化、视觉化的呈现手段，使展现过于流于表面，缺乏对展品内在价值的挖掘和呈现。博物馆为了吸引观众，设置大量的多媒体互动展项，但是展示内容与互动形式往往与展览主题关系并不紧密，对展览核心价值的发掘深度不够。很多观众把这些交互展项当作游戏来体验，在体验之后并没有从中获得多少有价值的信息或知识。单纯的视觉奇观作为商业活动或许无可厚非，但对于博物馆展示设计来说还远远不够。

数字时代的博物馆展示设计的一个重要任务是将各种媒体技术更好地隐藏起来。数字技术确实带有很强的视觉、听觉冲击力，但不恰当的使用也对参观体验具有很强的干扰性。博物馆情境设计应该将媒介手段放在整个展览语境中思考，绝不能超越展品。博物馆情境设计的目的是把隐而未见的展品信息，用适度的方式表现出来，从而拉近观众与展览之间的距离，要避免盲目使用数字展示手段。数字媒体技术绝对不是展示设计的灵丹妙药，博物馆展示设计的核心是观众，媒介手段必须要以展览的诉求为基础。

第二节　虚拟展示系统的设计与实现

人们在浏览博物馆内各种文物时，受条件与时间所限，无法近距离、长时间地观察古文物。为解决历史博物馆的空间与时间局限性，数字化博物馆应运而生。数字化博物馆的定义范围分为狭义与广义两种，通过数字技术再现博物馆展品是狭义上的数字化博物馆，而涵盖现实世界内只存在于网络内无实体的虚拟展示，即广义上的数字化博物馆。作为科技应用结合艺术展示的综合性成果，数字化博物馆具有一项最主要的特征——交互性，数字化博物馆的交互性决定着参观过程中，浏览者能否进行高质量可视化虚拟交互体验。

科技的快速发展使多媒体技术与 VR 技术愈发成熟，当前，交互技术已经由静态二维界面的交互发展为多维信息空间中的交互，实现这一跨越式发展的基础为面向虚拟环境中使用者多层次、动态性的行为实施研究与设计。

因此，设计要基于可视化交互技术的数字化博物馆动态全景虚拟展示系统，方便浏览者更加高效地获取和了解博物馆信息。

一、数字化博物馆动态全景虚拟展示系统

（一）整体结构设计

数字化博物馆动态全景虚拟展示系统由浏览者同物品数据库管理模块、数字化博物馆设计模块和数字化博物馆浏览模块共同组成。

浏览者同物品数据库管理模块的主要功能是修正、添加和删减MySQL数据库、FTP服务器内的物品信息；数字化博物馆设计模块主要功能是查阅供浏览的物品信息，将信息从MySQL数据库和FTP服务器内下载至本地，浏览者依照自身需求，在设置数字化博物馆二维平面图成功后置入物品，构建VM模型文件；数字化博物馆浏览模块分析所构建的VM模型文件，同时展示所构建的数字化博物馆动态全景。

（二）数字化博物馆设计模块

数字化博物馆设计模块确保浏览者在成功登录系统后，在数据库内依照浏览者级别得到能够使用的物品信息列表。在画板内生成数字化博物馆的二维平面图，在本地平面内选取图片作为数字化博物馆不同区域的纹理。将物品信息列表中所列物品置于数字化博物馆展示系统二维平面图中，同时生成VM文件。VM文件内保存的信息包括：数字化博物馆二维平面图内顶点的数量以及不同顶点位置信息；数字化博物馆内物品数量、物品ID和物品位置信息；本模块内设定的浏览者初始位置信息。

（三）数字化博物馆浏览模块

数字化博物馆浏览模块的主要功能是分析数字化博物馆设计模块中的VM文件，将数字化博物馆设计模块中的二维平面图拉伸变化为三维空间图，并提供给浏览者浏览使用。

浏览者通过数字化博物馆设计模块获取包含数字化博物馆信息的 VM 文件，通过数字化博物馆浏览模块打开 VM 文件，获取其中包含的数字化博物馆信息。在数字化博物馆展示系统内，浏览者利用键盘能够实现交互浏览漫游。

（四）软件设计

1. 数字化博物馆技术构建流程设计

浏览者需求是数字化博物馆展示系统的根本。为了满足浏览者的需求，在数字化博物馆技术构建流程中，采用展示设计、人际交互理论以及可视化技术等。

主题确定与需求分析阶段中主要是全方位分析数字化博物馆展示系统的主题。研究该主题的必要性与可行性，基于该主题全面规划系统结构，同时明确数字化博物馆最终的功能与目标。总体架构设计阶段基于上一阶段分析结果规划设计系统整体架构，确定数字化博物馆内场景、展示方法和功能目标的整体框架。明确同实际一致的交互行为，设计数字化博物馆的交互功能，明确不同交互功能的实现过程。三维模型构建阶段通过三维建模软件构建规划完成的博物馆场景与所需模型，设定灯光与材质等表现效果，获取真实的浏览体验。实现可视化交互功能阶段在可视化交互软件内导入构建完的博物馆场景与模型，对其实施优化处理，实现优质的可视化交互功能。实现可视化交互后，以网页格式或执行文件格式输出博物馆可视化交互结果，并发布到相应网站中。

2. 标签云组件设计

具有权重的标签集合即标签云，依据差异字体和其他可视化形式反映标签权重差异，浏览者采用标签连接得到相关信息。在展示系统中使用标签云组件，组件内的标签由浏览者与专家构建，信息的主题与类别等通过信息的标签呈现，浏览者采用标签获取与主题关联的信息。标签云组件中设置字体大小的依据是标签权重，标签访问次数描述标签权重大小，通过字体大小差异反应浏览度较高的相关信息。

二、虚拟展示系统带来的体验

（一）超越真实的博物馆增强体验

1. 前所未有的体验方式

数字时代为博物馆情境设计提供了更加强大的工具和手段，越来越多的数字内容和虚拟技术融入博物馆情境设计之中。虚拟展示与实物展示紧密结合，打造出来的数字时代全新的增强型博物馆体验，成为数字时代博物馆情境体验的重要特征之一。

在计算机领域，增强现实是指通过将计算机生成的图形叠加到真实世界中，将计算机生成的信息化图像、声音与真实场景保持同步并随时更新，提高人对物理环境的感知，如可透视的头盔式显示器、谷歌眼镜等。

增强型体验不仅仅是一个技术概念，还是指在博物馆展示中通过运用各种媒介，增强观众参观体验的设计方法和媒介。从广义上说，博物馆展示中各种辅助展品都在一定程度上强化了展品本身的表现力，增强观众不同程度的体验。这里既包括模型、标签、语音导览、辅助照明等传统展示工具和手段，也包括数字影像、电脑动画、交互屏幕、移动终端等基于数字媒体技术形成的展示方式。

相对于传统展示技术，基于数字媒体技术的体验增强不仅让实物展品的展示效果更加丰富，还可以帮助观众更好地了解展品背后的故事。增强现实的展示模式彻底改变了博物馆的体验方式，让观众在观看实物展品的同时，可以了解更多展品背后所蕴含的知识，并与展品进行实时互动，获得超越真实的博物馆增强式体验。

使数字媒体技术与实物展品巧妙结合，通过情境设计为观众提供前所未有的增强式博物馆参观体验。增强现实通过将三维内容实时投射到某种实物介质上，呈现出真实的人、场景与虚拟物体相结合的效果。通过增强现实的展示模式，既可以实现文物模型的三维展示，又可以用于文物的文化背景展示，还可以用于破碎文物的虚拟修复，以及用于历史文物的原貌呈现等。实物展品是博物馆情境设计的基础，传统的博物馆展陈设计也主要围绕着展品展开，而数字时代的观众在多媒体的环境中成长，更习惯跨媒介的体验方式。传统的以实物为主的展陈方式，对于年轻观众普遍缺乏吸引力，通过数字媒体技术的增强式体验，可以大幅提升博物馆展览对观众特别是年轻观众的吸引力。很多博物馆已经开始尝试将数字媒体技术与实物相结合的展示方式，使博物馆变得更具活力。通过虚实融合、静动结合的情境设计为观众打造出更富活力的体验空间，让传统博物馆展示内容，重新焕发生机。

数字媒体介入下的博物馆情境设计最大的特征之一，就是改变了观众参观博物馆的体验方式。传统的博物馆展览陈列，通常以静态的方式呈现展品，观众参观博物馆一般只能隔着展柜看展览。数字媒体介入使传统的展示设计从根本上改变了展品的呈现方式，在原有实物展示的基础上，数字化展示不仅可以高精度还原实物展品的外观乃至内部结构，还可以通过交互式的展示方式，允许观众与展品产生紧密的互动，使观众成为展览的一部分。观众不仅仅作为旁观者去观看文物，还可以作为展览的参与者走近展品，亲身体验文物，大大提升了观众的参观热情。增强式的展示方式，对观众有着很强的吸引力，使观众可以深入地了解展品，并且以更加主动的方式探寻展品及其背后的信息。

数字媒体介入下的博物馆情境设计打破传统以实物为基础的展示方式，将真实体验与虚拟体验紧密连接，带给观众前所未有的体验方式。基于数字化的增强型情境设计让人们不仅可以看到博物馆里的真实展品，还可以穿越时空，感受那些在真实场景中无法体验的场景。增强体验最大的特征就是将虚拟内容与真实场景相叠加，通过在真实的博物馆空间中加入虚拟内容，从而大大提升观众的参观体验。

利用数字媒体的辅助情境设计可以有效地缓解文物保护与观众体验需求之间的矛盾。很多时候由于藏品保护、展示场地等各种因素的限制，真实藏品很难被展示。以中国传统书画为例，由于宣纸需要恒温、恒湿、低照度保存，所以很多稀世珍品大部分时间只能被储藏于博物馆的地下室，即使偶尔进行特展，也往往只能展出数天，或是只展开画面的一部分。随着博物馆参观人数的激增，博物馆展览空间显得越来越紧张，在拥挤的环境中连展品都看不清，更不用说获得良好的博物馆参观体验了。

数字媒体技术介入下的博物馆情境设计让静止的展品"活"起来，使观众可以与展品进行直接交互，全新的展示方式和体验方式使博物馆展览更具活力。由于科技手段与新材料、新技术、新工艺的应用，博物馆陈列展览信息传递变得直接、快捷、便利、集中、形象、生动，并由传统的静态展示转向动静结合，全面、有效地增强了陈列展览的视觉冲击力。科技的进步是永无止境的，随着科学技术的不断进步，展示设计的观赏性前景将越来越广阔。

2. 呈现展品背后的信息

基于数字媒体的情境设计不仅体现在感官体验的提升上，更重要的是通过增强式的情境体验，可以使观众更好地了解展品背后所蕴含的信息和知识，这也正是数字时代博物馆情境设计的核心目标。增强式的情境体验可以将实物与虚拟信息结合，强化观众对展品的了解和认知，为观众创造更好的学习机会，使观众可以更轻松的方式掌握知识。

实物展品本身就具有丰富的信息量，这也是吸引观众走入博物馆的最大动力之一。真实展品带给观众的感受显然是无法替代的，但是通过将数字媒体技术引入博物馆情境设计可以带给观众更加全面的参观体验。通过不同媒介的综合运用，将展品以多元化的方式呈现给观众，为观众提供更加丰富的知识背景。

传统的以实物为主的展示设计存在部分局限，观众很难通过实物本身获得更多的信息或知识，参观体验也并不尽如人意，致使展品本身的珍贵价值很容易被观众忽视。特别是某些展品出于保护目的必须放在展柜中陈列，对光线也有严格要求，照明亮度不能过高；也有很多藏品由于历史久远，文物本身残损严重，信息缺失严重；还有一些比较特殊的展品本身尺幅很小，肉眼很难观察到展品的细节；更有部分展品由于尺幅问题、运输问题、版权问题在博物馆展览中无法展示，这些对观众体验来说都是很大的遗憾。

数字媒体介入下的博物馆情境设计，可以让观众更好地了解展品背后的信息。很多珍贵的展品蕴含着大量信息，为了让观众获取更多信息，传统博物馆常常通过文字说明加以补充。但单纯的文字介绍枯燥又抽象，除了专家似乎很少有人仔细阅读，会使观众产生较大的认知负担。基于数字媒体的博物馆情境设计，将虚拟信息与实物展品相结合，把藏品背后不易察觉的信息，以更生动的方式呈现于观众面前，让观众在看到真实世界的同时可以得到更多信息和内容，并且在体验的过程中鼓励观众参与互动。这种信息叠加的展示方式，相对于传统单纯的实物展示来说，大大扩充了观众的认知体验。数字媒体介入下的博物馆情境设计将博物馆传统观看体验升级为更高效的增强型体验。

通过将数字媒体技术引入博物馆情境设计，可以在非常有效地提升观众体验的同时，使观众获得更加丰富的信息和知识。特别是在一些小型展品的展示设计中，数字媒体的介入可以为观众提供更加丰富的信息。增强展示不仅在博物馆内发挥巨大的作用，借助数字媒体技术更是将博物馆展示融入更广泛的社会空间，与公众生活建立更紧密的连接。数字时代的博物馆展示已经不仅局限于固定的博物馆空间内，博物馆展示的概念和范围不断扩展，与人们的生活关系日益紧密。通过将增强现实技术与博物馆藏品相结合为观众提供丰富信息，在满足现代人多元化体验需求的同时，充分发挥数字时代博物馆的社会价值。

数字媒体技术为博物馆情境设计提供了前所未有的想象空间，有越来越多的数字媒体技术融入博物馆的展示中，通过手机就可以实现不同文字的翻译，测量展品的长度、宽度等。博物馆参观体验也不再局限于博物馆展示空间，博物馆门票、海报、宣传册、引导、讲解等都被纳入博物馆的情境设计中。

增强式的情境化设计不仅更好地展示出文物的各个细节，还以多元化的视角挖掘并呈现出展品的知识图谱，使展览变得更具吸引力，从而激发观众的求知欲望，使观众在享受丰富的博物馆体验时获得更大收益。基于数字媒体技术的增强体验对于提升观众博物馆体验和认知有着显著效果，成为数字时代博物馆情境设计的重要特征之一。

（二）身临其境的博物馆沉浸体验

1. 视听基础上的多感体验

传统博物馆的展览陈列建立在以视觉为主的观看体验基础之上，随着数字媒体技术融入博物馆情境设计，听觉、触觉、嗅觉、体感等多感官体验都成为数字时代博物馆体验的重要组成部分。建立在视听基础上的多感观综合体验成为数字时代博物馆情境体验的显著特征之一。

博物馆情境设计是建立在观众感官基础上的展品内容呈现。早期的博物馆以藏品的展示为基础，无论是展品还是各种辅助性展项，视觉都是博物馆最主要，甚至唯一的体验方式。展览主要是一种非语言的感官体验。观众或许会阅读我们所写的展览文本，但是他们更喜欢由我们所尝试提供的那些多重感官的体验。数字时代的观众对博物馆展示设计的期望，远远不止于视觉体验，听觉、触觉，乃至博物馆空间中弥漫的气味等，都成为博物馆情境设计的重要组成部分，数字时代的博物馆情境设计建立在对观众各种感觉器官综合调动的基础之上。

通常认为信息主要来源于视觉、听觉、味觉、嗅觉、触觉以及第六感（潜意识）。人类通过感官讯息的操作来传递与接受信息，维系个体与这个世界的关系。人在生活中所编织的文化意涵，在感官体验的基础上产生不同的文化性感官，不同感官讯息结合成具有文化独特性的信息。传统博物馆以视觉作为最主要的体验方式，对其他感官系统缺乏调动。随着数字媒体技术的发展，博物馆情境设计的方式和手段变得日益丰富。数字媒体介入下的博物馆情境设计，充分调动观众的各种感官系统，带给观众更加丰富的多感官综合式情境体验。

博物馆不仅被用来观看，还可以被聆听。博物馆界很早就意识到单一视觉体验的局限性问题，尝试将听觉体验融入博物馆展览陈列。语音讲解作为博物馆视觉体验的有效补充，最早被引入博物馆的展示中。通过人工的语音讲解，观众可以在观看展品的同时，听到关于展品的介绍。语音讲解确实在很大程度上延伸了人们的博物馆参观体验，在一定程度上满足了观众的多感官体验需求。

数字媒体技术的出现为博物馆多维感官体验创造了新的可能性。人工讲解，以及固定式的传统的语音导览等，早已不能满足数字时代观众对博物馆综合体验的需求，更具个性化的交互式的智能导览系统逐渐在博物馆中得到广泛应用。

面对数字时代的来临，传统上以原作展示为基础的艺术类博物馆，也在展览模式和体验方式上不断创新。许多著名艺术类博物馆尝试将实物展示与数字媒体相结合，在展示原作的同时，尽可能地为观众提供更加丰富、多元的参观体验。以美国当代艺术博物馆为例，每幅作品的标签上不仅有常规的文字说明，还都被标明了导览序号。下载官方移动应用后，观众在参观的过程中，只要输入展览标签上的数字，就可以一边观看眼前的原作，一边听到博物馆馆长对这幅作品的详细解读，并且可以通过延展阅读，继续了解有关作品或艺术家的其他信息，还可以把自己感兴趣的作品添加到个人博物馆或分享给朋友。智能终端的使用彻底改变了传统博物馆的体验方式，将实物欣赏与定制化的导览紧密结合，带给观众更加丰富、更具个性化的博物馆参观体验。

伴随数字媒体技术的发展和普及，听觉体验不仅局限于视觉的补偿，包括音乐、音效、语音讲解在内的各种听觉体验与视觉体验越来越紧密地结合在一起，成为数字时代博物馆情境设计不可或缺的组成部分。为了向观众提供更加完美的综合式情境体验，很多博物馆专门开辟了以数字媒体技术为依托的数字化展示中心。在基于数字媒体打造的情境体验空间中，观众、展品、媒介、空间被真正地融为一体，观众的综合感官被充分激活调动。

在当下的博物馆展览中，视觉、听觉体验已经得到较多的关注，而触觉、嗅觉乃至味觉作为人类基本的感知来源，却长时间无法在博物馆情境设计中实现。博物馆出于保护的目的，即使是复制品往往也禁止观众轻易触碰，而广大博物馆观众对近距离感受展品有着强烈的欲望。触摸是人类认知客观世界的重要手段，而博物馆展示中对藏品的保护与观众的触摸体验需求，存在先天的矛盾性。随着数字媒体技术的发展，这种矛盾也将逐步有所缓解。

虚拟触觉体验不仅带给广大观众全新的体验方式，更使博物馆具有广泛的包容性，虚拟触觉可以给残障人士提供体验博物馆的机会。如果说普通观众对触觉体验有着强烈的体验需求，那么视觉残障人士对触觉体验则有着更为迫切的刚性需求。数字媒体技术可以让博物馆情境设计变得更具包容性，通过虚拟触摸的辅助不仅可以让残障人士有机会体验到博物馆的魅力，还可以起到增强残障人士自信心和达到心理治疗的作用。

基于数字媒体技术的多感官综合体验成为数字时代博物馆情境设计的重要特征和发展趋势，在未来的博物馆情境设计中，嗅觉、触觉乃至味觉体验也将成为现实。数字媒体介入下的博物馆情境设计通过充分调动观众的综合感官为展品赋予想象力和生命力，使观众的博物馆参观体验变得更加丰富多元。博物馆将采用数字技术以物理和非物理的信息表现方式，从认知科学感觉、听觉、触觉（嗅觉）角度使文物可观、可鉴、可触、可知、可玩，还原文物在历史现场中曾经的鲜活与生动。全新的展示方式与体验方式为数字时代的博物馆情境设计带来全新的机遇和挑战。

2. 沉浸其中的情境体验

数字媒体技术为博物馆感官体验提供了重要的工具和手段，彻底打破了传统博物馆以观看为主的体验方式。观众在多感官体验的基础上全情投入，获得沉浸其中的参观体验，是构成沉浸式情境体验的基础。所谓的沉浸式状态通常在游戏、运动，以及艺术创作的过程中颇为常见，博物馆参观同样存在沉浸体验状态。

沉浸式的博物馆情境体验是博物馆体验的高级阶段，观众在沉浸式的体验中可以加强与展品的互动，更加高效地接收信息，并将其有效地转化为认知，这也正是促进数字时代博物馆情境设计的核心目标。数字时代博物馆情境设计通过对观众多感官系统和认知系统的充分调度，使观众全身心地沉浸于博物馆的展览之中，成为数字时代博物馆情境设计的体验特征之一。

传统的博物馆展陈设计比较强调通过辅助设计强化观众的视觉体验，并通过各种辅助展品的设计尽可能吸引观众的注意力。博物馆展示设计中可以使用强烈的影音、声音来勾起观众的好奇心。明亮的颜色、巨大的图像、多样的形式与相近的视觉元素，将可以吸引观众的注意力。数字媒体介入下的博物馆情境设计，仅靠视觉、声音的震撼效果，不能让观众获得真正意义上的沉浸式体验。数字时代的博物馆情境设计，通过各种媒介手段的综合运用，将人们的多种感官充分调动，并将观众的感官系统与认知系统充分激活，将博物馆参观过程变为一场身临其境的沉浸体验过程。数字媒体技术的发展为博物馆沉浸体验提供了更好的工具，特别是伴随虚拟现实技术的高速发展，越来越多的虚拟体验展项也被引入博物馆情境设计之中。

传统的博物馆展示设计过于关注知识的呈现，缺乏对观众的激励和挑战。数字时代沉浸式的情境设计，在为观众创造多感观体验的同时，更强调观众的体验和参与，在情境展示过程中加入激励的方式，鼓励观众将自身经历与博物馆体验相结合，实现观众已有能力的拓展，即认知能力的升级。心流的关系模型带给博物馆情境设计的启发是，博物馆的情境化设计如果能与观众接受能力相匹配，就可以更有效地激励观众，使观众放松，甚至达到"狂喜"的"心流"状态。博物馆的展览如果平淡无奇，则会导致观众缺乏自我挑战的机会，自然会感到无聊甚至冷漠，对博物馆失去兴趣。这里的挑战当然不仅局限于游戏刺激或竞争过程所带来的挑战。在数字媒体技术的辅助下，博物馆情境设计通过各种展示手段和媒介，结合观众既有知识体系，不断激励观众探索知识、发现知识、获得新知的过程，都可以称为挑战。这也是博物馆情境设计的核心目标，即让观众在沉浸式的体验中接受挑战，并获得认知能力的提升。要带给观众更好的沉浸式体验，博物馆情境设计首先需要考虑目标观众的接受能力。明确展览要给什么样的观众看，观众是否具备相应的知识储备。如果展览的受众是中小学生，在设计中必须要基于学生的接受能力和理解能力进行设计。过于复杂的操作和过多的内容都会造成观众认知上的负担，不但不能让观众获得很好的沉浸式体验，反而造成观众的焦虑和困惑。因此优秀的情境设计首先应该考虑目标观众的认知能力，在观众认知能力的基础上，为他们提供尽可能多的挑战。

数字时代博物馆的情境设计使展览不再以固定的方式呈现，通过借助数字媒体技术的各种互动式的展项，观众可以随时看到展览内容的反馈，展示内容也可以由观众来决定，这也是沉浸式体验的最迷人之处。这种超乎寻常的沉浸感，带给观众的体验是前所未有的，特别是在部分纯粹的虚拟互动展项中，观众在体验过程中，大脑甚至被"欺骗"，感觉自己就游走在虚拟世界之中，产生所谓的"临场感"。"非常紧凑的体验，使观众似乎感觉不到自己的存在。"观众在全神贯注的参与过程中甚至忘记时空的存在，所以也有人将之称为沉浸式虚拟现实。虚拟现实彻底打破了观众对传统博物馆的观看方式和体验方式，带给观众前所未有的超凡体验。

博物馆情境设计通过观众、展品、媒介、空间的有机融合，将多感官体验与认知体验紧密结合，使观众可以全身心地沉浸于博物馆的情境体验之中，从而达到忘我的"心流"状态下的"高峰体验"。多感融合下的沉浸体验成为数字时代博物馆情境体验的重要特征之一。

（三）突破围墙的博物馆虚拟体验

1. 真实体验的延伸和补充

数字时代的博物馆情境体验已经不再局限于博物馆的真实空间之内，博物馆体验打破实体空间的限制，步入虚拟世界，基于数字媒体技术的虚拟式情境设计成为博物馆情境设计的重要组成部分。虚拟体验这一数字时代博物馆特有的体验方式，让观众获得前所未有的体验方式和体验内容，也成为数字时代博物馆情境体验的特征之一。

虚拟与真实存在着密不可分的关联，博物馆的虚拟体验可以理解为现实体验的一种延伸。真实体验是虚拟体验的来源和基础，没有现实的存在就没有虚拟存在的价值，数字化展示内容虽然打破了物理存在与虚拟存在之间的界限，但博物馆实物展品依然是博物馆虚拟体验的重要源泉，脱离了真实体验的虚拟体验就变得没有意义了，因此说虚拟博物馆是数字时代实体博物馆体验的延伸。

从虚拟文化的角度来看，博物馆的虚拟体验是在数字时代背景下特定的文化形态和审美观中形成的，这也成为虚拟体验区别于真实体验的根源。虚拟文化是由数字时代所引发的一种新型的文化形态，它是数字时代背景下，在计算机、现代信息通信和互联网影响下形成或正在形成的一种全新文化状态。博物馆虚拟体验是建立在虚拟文化基础上的，从审美方式到价值判断都与传统的博物馆情境体验有着巨大差异，这种差异不可避免地对传统博物馆展示设计造成一定的冲击和挑战，但同时也给数字时代的博物馆情境设计提供了更广阔的发展空间。

数字时代的观众博物馆参观方式、体验方式都伴随着虚拟文化的发展发生巨大的变革，将观众在真实空间中的情境体验延伸至虚拟世界。观众可以随时随地通过虚拟现实系统在家中进行虚拟的博物馆参观，与展品进行更高效的互动，并通过网络与博物馆乃至世界各地的观众进行密切的互动。观众、展品、媒介、空间等传统博物馆情境设计要素在数字媒体的介入下都发生了质的变化，博物馆情境设计的范围也由真实空间延伸至虚拟世界。

博物馆的虚拟体验成为博物馆真实体验的有效补充，并为观众开启了一道重新认识博物馆的大门。基于数字媒体的博物馆虚拟体验，可以让已经有过真实体验经历的观众更有效地加深参观记忆，更可以让没有走入博物馆的观众从中直接领略博物馆的魅力。人们通过网络接触博物馆，并对博物馆产生浓厚兴趣，进而成为博物馆的忠实观众。

数字技术的发展使得虚拟体验成为博物馆展示的重要特征之一，同时也成为数字时代博物馆体验的重要组成部分。虚拟博物馆与网上博物馆有类似之处，但是两者的侧重点以及观众体验有一定差异。网上博物馆侧重于博物馆藏品的数字化呈现，可以视为真实博物馆体验的延伸；而虚拟现实博物馆侧重于沉浸式虚拟空间体验，它既可以是基于真实博物馆空间的再现，也可以创造出超越真实的想象空间。通过将虚拟现实与博物馆的展览相结合可带给观众前所未有的沉浸式体验。

基于数字媒体技术的博物馆虚拟情境，带给观众前所未有的体验方式和内容，虚拟体验的丰富程度远远超越了真实情境中的参观体验，成为一种独立的超真实体验。随着数字技术的发展，特别是虚拟现实技术的出现，通过数字媒体技术所打造的虚拟博物馆、数字博物馆、网络博物馆完全突破了传统时空体验的圈囿，在虚拟的网络世界中建立起一套全新的博物馆体验模式。

虚拟现实是利用计算机生成一种模拟环境。观众佩戴着虚拟现实设备，可获得虚拟世界的全景图像，转动视线就可以环顾四周，用户沉浸在逼真的虚拟环境之中。虚拟体验最吸引人的地方，就是可以让观众在虚拟世界中获得超越真实的沉浸式体验。借助虚拟现实技术，可将博物馆的真实体验延伸至虚拟世界。

虚拟式的情境体验打破了传统博物馆展览的时空观念。空间是我们感受真实世界的重要来源，而虚拟博物馆的出现，彻底突破了我们对空间的理解。在博物馆的虚拟情境中，观众既可以浏览博物馆展品信息，也可以在虚拟的博物馆空间行走，只要移动一下鼠标，观众就可以变化视角。就像互联网中的超级链接一样，观众可以从建筑的一个角落跳到另一个角落，也可以从一个楼层跳到另一个楼层，不必像实体博物馆那样按照既定的路线进行参观。

虚拟式的情境体验以其特有的年轻性与时尚性，被更多的年轻人所接受。基于数字媒体技术的博物馆虚拟情境展示不仅为传统博物馆情境设计开拓了全新领域，同时也突破了传统博物馆展示设计理念的束缚。除了虚拟博物馆外，还有越来越多的虚拟内容、虚拟信息融入真实博物馆展示情境中,成为实体博物馆不可或缺的重要组成部分。数字媒体介入下的博物馆情境设计由真实体验与虚拟体验共同构成,二者相互融合、互为补充。

2. 来自虚拟的诱惑和挑战

数字时代背景下,虚拟展示成为博物馆情境设计的一个全新领域,基于数字媒体技术的虚拟式情境体验以其自身的独特优势,对数字时代的观众产生难以抵挡的诱惑,如何通过虚拟体验为观众创造更好的体验,并使观众从中受益,成为虚拟情境设计的巨大挑战。数字博物馆、虚拟博物馆带给观众前所未有的虚拟体验,打破了传统博物馆间的知识壁垒,在带来丰富的虚拟体验的同时,也带来一定的负面效果。对真实情境的低级模仿、观众情感体验的缺失,以及存在大量隐形的控制、过度娱乐等,都成为数字时代虚拟式情境设计中亟待解决的问题。

情境缺失导致博物馆的虚拟体验成为一种让人失望的中性空间。在真实的博物馆参观中,情境起着至关重要的作用,情境很早就被作为设计要素引入博物馆的展示设计之中。真实博物馆情境空间中的许多细节元素(例如画作之间的距离、不同亮度的白色墙面等)都是观众在博物馆情境体验的重要组成部分,但在虚拟世界中,这些就变得毫无意义了。因此,很多博物馆的虚拟博物馆,便将设计的焦点放在展品本身。虽然通过高清采集可以让观众看到展品的细节,但由于缺乏相应的情境感知,人们很难感受到展品本身所蕴含的真正价值。在虚拟博物馆的情境设计中,需要讨论的焦点不应该仅仅是展品本身的呈现,还应该包括虚拟展品与虚拟空间的关系,即所谓的情境式带入。而这种关系并不是基于真实空间的模仿或还原,虚拟情境的设计更应该充分发挥虚拟体验的特点和优势,将多感官、交互式、沉浸式体验与展品和虚拟空间更加紧密地融入虚拟博物馆的设计之中,才能真正发挥出虚拟式情境体验的独特价值。

很多数字化展示也存在类似问题,虽然访客可以点击每一件经过数字技术强化的展品,通过不断放大观看展品的每一处细节,但是观众在经历过初期的新奇体验之后,很难在这些放大的肌理中获得艺术的感染。更重要的是,由于缺乏对展品情境的关注,为了虚拟展示而进行的互动设计单纯呈现展品,缺失了与展品密切相关的情境展示,能带给观众的信息量非常有限,因此很容易使观众失去继续体验的兴趣。

缺乏情感交流的体验是空洞乏味的，由于缺乏对观众情感的激发，虚拟体验无法真正感动观众，博物馆虚拟情境很容易让浏览者陷入一种无聊的状态。虚拟体验既带给人们前所未有的虚拟体验，也带给人们一种虚无缥缈的不真实感。相对来说，传统建立在实物基础上的真实体验带给观众的是更加真实、更加长久的感受，而虚拟体验往往带给观众"过眼云烟"式的体验。以典型的艺术品为例，虽然通过数字放大可以看到更加清晰的细节，但是很少有人能为之所动。

此外，虚拟博物馆缺乏情感还表现在相对孤立的浏览模式上，在虚拟博物馆体验时无法看到其他游览者，也无法与朋友共同欣赏、交流，使得博物馆的虚拟体验变得更加索然无味。语言交流、情感交流对博物馆体验至关重要，人们希望在情境空间中体验博物馆的展品，希望与他人分享自己的感受。越来越多的虚拟博物馆开始关注观众情感体验、社交分享方面的需求。基于社交的媒体技术已经在此方面进行了一些尝试，很多虚拟博物馆都开始提供基于社交的分享功能，这在很大程度上增强了人们在虚拟情境体验中的情感连接。

虚拟博物馆还存在表面化的问题，很多虚拟体验并不能真正提升观众的认知能力。无论是实体博物馆还是虚拟博物馆，其核心目的都是让观众能够通过参观或浏览有所收获。但目前大部分虚拟体验还处于简单的操作层面，大部分虚拟博物馆所倡导的互动性往往只是对数字作品的肢体操作以及控制。这种仅局限于手眼直接的互动并未启发更深层次的头脑与心灵之间的共鸣，致使部分虚拟体验过度强调娱乐，而非真正意义上实现观众的体验收获。对知识的获取和认知程度在博物馆虚拟体验的过程中并没有得到加强，反而在一定程度上受到虚拟情境的诱惑，导致注意力和认知能力下降。当然也有部分很好的虚拟情境设计，充分发挥出数字媒体技术、虚拟技术的优势，将情境设计与知识传达巧妙结合，让传统展品重新焕发生机。

数字化的虚拟体验在一定程度上打破了传统博物馆的僵化，基于数字媒体技术的虚拟博物馆无论是在时空体验层面，还是在精神层面都带给观众更大的自由。但同时也需要看到，虚拟体验也并不是无所限制的自由，可以说它只是换了一种比较隐形的监控而已，而这种隐形监控或许比传统的限制更为严密。

在虚拟博物馆内，访客看似十分自由，可以通过鼠标根据自己的兴趣，选择自己想看的展品，并发表自己的观点。而实际上，在虚拟世界中，控制是无处不在的，每个虚拟博物馆都预先设定了一位可预见的游览者，一旦这种预先设定的游览程序被破坏，访客的自由选择就不复存在了。换句话说，访客若想体验虚拟博物馆，首先必须学会按照官方设定的模式进行浏览。数字博物馆既可以监督观众的一举一动，又可以通过"推荐"内容，引导观众按照既定的模式进行浏览。这种潜移默化的监督和引导甚至比传统的博物馆对观众的"规训"更加有效。因此也有学者提出，虚拟博物馆提供给游览者的并不是更多行动上或思想上的自由，它们反而强化了人们的浏览方式，形成新的规范而已。

基于数字媒体的虚拟博物馆为观众提供了全新的体验模式，并试图去克服传统博物馆对观众的限制，以挑战传统博物馆观念。事实上，虚拟博物馆和真实博物馆一样，本身是一个复杂的矛盾体。一方面，虚拟博物馆在削弱传统博物馆权威性的同时，又加深了对浏览者的约束；另一方面，通过隐形监控可以大量收集观众的各种信息，并在此基础上为观众提供更加符合需要的展示内容。为了能够让博物馆体验更加符合观众需求，博物馆需要尽可能地获取观众的兴趣爱好、参观习惯、体验方式等个人信息，以便更好地为观众提供个性化的博物馆体验服务。基于智能的个性化体验也正是得益于对观众信息的广泛采集。

第五章 文化遗产的数字化重构与展示

第一节 文化遗产数字化重构

文化遗产的数字化重构是一个对文化遗产再认知、再理解的过程，文化遗产的数字化重构更多强调的是对文化遗产深层内涵的挖掘，通过文化遗产数字化重构的方式为体验者营造一种体验与领悟文化遗产的氛围，体验者们在这里仿佛回到过去，重新认识文化遗产曾经的魅力与辉煌。

从表象上看，文化遗产数字化重构的目的在于帮助大众学习、理解文化遗产的知识，帮助体验者唤起对文化遗产的热爱之情，然而，文化遗产数字化重构的深层内涵不应该仅停留在这一层面，而是应该通过文化遗产的数字化重构的方式，帮助体验者建立一种意识，那就是通过体验与反思将文化遗产在每个人的心目中进行一种重构，这是一种对文化再理解、再认知的，甚至是再创造的行为。文化遗产的数字化重构不应该成为一种单纯的教育方式，而应该转化为一种行为，一种建立在每个人心中的文化重构行为。这里所指的在每个人心中的文化重构主要是指，在经过对文化遗产数字化重构作品学习与理解后，在每个人的内心都产生一种对文化的反思，每个人都做出一种重新的认识和解读，这种行为的出现有助于整个国家、民族的文化长久发展。

一、文化遗产数字化重构的文化内涵与特征

文化遗产数字化重构的文化内涵与特征主要体现在两大方面：一是对自我个体为单位的人的行为方式的改变；二是它将成为塑造一个国家主体民族智慧的重要方式。

（一）自我个体——源于内心的行为

文化遗产的数字化重构作品最终面向的目标是帮助体验者形成一种自发的理

解文化、感悟文化的源自内心的行为，文化遗产数字化重构不应该成为一种教义，去强迫人的理解与关注，而是应该通过自然、理性的方式自然而然地去吸引每个人的注意，使其参与其中，并且在体验与参与的过程中产生强烈的共鸣，并最终营造一种尊重历史、尊重文化的自发行为。

文化遗产的数字化重构希望实现的是一种对文化的延续与理解，它寄希望于唤起每个人对文化的反思，帮助人们寻求到一种前所未有的"高峰体验"，这里所提到的"高峰体验"是对人本心理学家所描述的那种人在一瞬间感到心灵深处的无比满足与超然，甚至是无所缺憾的感受的一种深层次解读，文化遗产数字化重构最高的追求应当是能够唤起体验者对文化遗产的感悟与理解后所产生的瞬间豁然开朗与醍醐灌顶之感，通过利用新媒介创作出的文化遗产数字化重构内容带来一种超然的美好体验，这种美好体验是无法在传统的文化遗产学习与参观中出现的，因此，对于每个体验者而言，这种美好的高峰体验都值得他们倍加珍惜，这种体验可以帮助体验者建立一种坚定的理想，为文化的传承贡献了无穷的力量。

（二）国家主体——民族智慧的结晶

文化遗产的数字化重构，一方面，是对个人行为的一种再塑造；另一方面，则是一种国家与民族智慧的融合与结晶。文化遗产的数字化重构不单纯是一种科学化的产物，更是一种人文与艺术结合的产物，文化与艺术恰恰是一个国家保存民族意识、民族理念的最良好的载体。文化遗产首先是一种传递民族精神，传递民族智慧的载体，而对于文化遗产数字化重构而言其将这种载体所产生的效应变得最大化，可以说加大了文化遗产本身的影响力与理解力。这对一个国家而言是一笔重要的财富。通过文化遗产数字化重构的体验，帮助我们获得了一种最真实的文化理解的经验，这种经验在文化遗产这个大概念的指导下，可以帮助我们清晰地明白属于自己民族的文化内涵和精神财富。通过文化遗产的数字化重构，我们还可以便捷而清晰地了解世界上不同国家、不同地区特有的文化，众所周知，文化的未来强调的是多元化与全球化，这种数字化重构的方式便是帮助我们实现这一目标的重要载体。

二、文化遗产数字化重构的设计原则归纳

(一) 尊重原貌的设计再现

对于文化遗产的数字化重构而言，最主要的设计原则就是要在尊重遗产原貌的基础上得以展开，文化遗产的数字化重构重在复原最真实的历史与文化，将其以最接近历史真实的形态客观地向大众传播。但是，作为本书所探讨的文化遗产数字化重构的设计应用而言，尊重原貌更多强调的是一种宏观的指导性原则，具体到不同的数字化重构实践中，需要对不同的主题进行一种再组织、再设计的方式向下推动，力求营造对文化遗产的深层诠释，这也是帮助文化遗产焕发自身魅力的重要方式。如对敦煌文化遗产数字化重构的构想，一方面，要尽可能地将石窟内的原貌进行科学、真实的虚拟再现；另一方面，也要对其不同的知识专题进行重新的信息组织与设计表现，力求通过合理的设计表现形式将附加在文化遗产背后的内容得以展现。但是毋庸置疑的是，将尊重原貌作为基础而后进行相应的设计再现应该是文化遗产数字化重构的重要原则，因为从本书论述的主题来讲，向公众传递尽量真实、科学的文化遗产内容是最根本的要求，文化遗产数字化重构是一种科学与艺术结合的产物，需要立足于科学，在科学的基础上进行艺术的表现才是其最终目标。此外，对于尊重原貌的另一层含义是指数字化重构要最大程度地实现其较为真实的存在感，能够通过丰富的数字技术与设计再现手段将体验者带入到预先营造的情境中，让体验者感受到最真切的与遗产共存的感受，这种感受一方面需要对文化遗产内容的透彻解读；另一方面，则需要前沿的信息技术加以实现，营造出一种似曾相识的文化遗产梦境，帮助体验者们唤起主观内深层的潜意识，参与到真切的情境体验中。这种丰富的体验带给体验者如同"穿越"一般的体验，通过重回过去，重拾对遗产的信仰，这种体验与之带来的是引发了体验者们更深刻的反思，帮助他们在心中形成了强烈的主观意识，不再是被动地接受，而是一种自发的深省。因此，尊重原貌的设计再现原则是帮助体验者营造这种体验情境的重要手段，也是文化遗产数字化重构所必须遵守的原则。

（二）情感化的个性体验

文化遗产的数字化重构在尊重原貌与科学记录的基础上，还需要进行更加丰富的设计表现的探索。这种探索最终的目的，是不能单纯地陈列数字化的成果，而是需要营造一种能够激发体验者内心不同情感的作品，无论是愉悦、愤怒、严肃还是沉重，都是一种给予体验者丰富情感的重要方式。这种有意识地激发体验者情感的方式，能够更明确地实现文化遗产数字化重构传播的目的，那就是唤起人们对于文化遗产的认知与反思。这种情感满足的制造，就需要在设计的形态上不断推敲，无论是对外观形态的设计把握，还是对色彩的应用，抑或是材料的选择都需要不断推敲。对于文化遗产的数字化重构而言，一类强调的是营造一种虚拟的空间将数字化的内容得以呈现与展示，这就需要对空间的设计与布局有较为明确的规划，即什么样的设计布局与空间划分能够更明确引导体验者的参与与理解，是选择搭建虚拟投影系统还是将实物展示与虚拟展示相结合，这些都需要根据不同的主题进行思考。例如，对于针对敦煌文化遗产数字化所进行的设计呈现，就需要充分考虑空间布局的营造，选择切合主题的设计实现手段可以有效地激发体验者深层的情感。还有对于色彩与光线的把握也是影响体验者情感的重要因素，色调与光线可以给人带来完全不一样的主观感受，这些都是提升情感因素的重要方面。对于文化遗产数字化重构的特殊性而言，其能够很大程度地实现体验者的自我控制，这可以称之为个性体验，传统的文化遗产传播方式决定了观众只能单向、被动地接受内容，然而数字化重构的方式却可以利用其特有的优势将个性体验的环节融入其中，实现体验者自我操作，自我参与的接受形式。体验者可以自主地参与到文物的虚拟修复中，将自己对遗产的认知与理解融合其中就是一种很好的个性体验方式，这强烈地增强了体验的乐趣，为体验者营造了丰富的情感体验。强调了体验者的自我性，将体验者的主观意识融入其中，是对文化遗产的一种开放式解读，实现了文化遗产全民参与解读的重要目标。

通过营造这种情感化的个性体验，一方面，充分调动了体验者丰富的感官体验；另一方面，也为体验者营造了一种幽深的心灵体验，这两种体验方式的并重，唤起了体验者主体的深刻反思，触及灵魂的文化遗产认知可以在每个人的意识中生根发芽，这是实现整个国家、民族精神富强的重要方式。

(三) 易于理解与接受的设计语言

文化遗产的数字化重构应用的核心目标是传播，因此，为了帮助不同人群的理解，需要运用易于理解与接受的设计语言进行设计再现。这种原则的实现方式则是对自然交互方式的一种解读，自然交互的目的是帮助体验者可以不假思索地进行体验，忽略掉操控方式带来的阻碍，从而跨越语言与认知的鸿沟进行忘我地体验。易于理解与接受的设计语言，一方面，体现在设计界面的易用性；另一方面，则体现在交互体验的自由与灵活性上。同样以敦煌文化遗产的数字化重构为例，在对其进行的设计构想中，需要充分考虑不同人群的特征，寻求一种具有公共性的解决方案，在营造的虚拟洞窟中实现公共空间的共同理解，通过数字化还原石窟内图像的方式最直接地将敦煌艺术展现在体验者眼前，这就是一种最为直接且易于接受的设计体验形态，帮助体验者在虚拟情境中体验最为真实的感受。此外，通过简单自由的体感交互方式，简化了体验者对交互界面的理解与学习环节，将体验者尽快投入到本能的自我体验，实现了易于接受的遗产体验方式。在文化遗产数字化重构的设计应用领域，不断寻求易于理解与感受的设计语言是设计者和科研人员需要不断探索的目标。在对文化遗产重构的体验过程中，重点是实现更多元人群的共同理解，体验交互的自然与流畅是重要的实现方式。这种交互体验的营造，一方面需要设计者的不断探寻，同时也需要技术的有力支撑，技术与观念的紧密配合是寻找最佳设计解决方案的有效出路，也是实现文化遗产数字化重构被来自世界不同背景、语境、身份的人的共同理解的有效方式，这也是增强文化遗产有效传播、有效传承的重要方式。

第二节 文化遗产数字化展示策略与技术应用

一、数字化展示设计要点

如何设计一个文化遗产的数字化展示？

首先，除了需要设计展示的内容，还需要分析传播的受众，然后根据内容和受众来确定最适合表达的文化表现形式和展示技术手段。

其次，展示类别不同，其操作流程也不一样。数字化展示主要分为线上和线下两类，线上的方式是围绕网络进行搭建，如网上博物馆、数字展陈等；而线下的数字展陈是以真实展厅的多媒体展台、投影等形式辅助展品展陈。

总之，无论是线上还是线下，它们都离不开以展示内容为出发点，利用数字化的技术手段对历史场景和文化的数字复原；以观众的感受为中心，帮助受众更生动地体验文化；以最终传达效果为目标，确保让观众全方位地感知文化信息，从而达到利用数字化技术手段来保护、展示、阐释、传播、传承的最终目的。

（一）展示内容策划

首先需要确定展示的主题及其核心信息，数字化展示的成功与否归根于对文化遗产底蕴的把握程度。展示内容是展示活动的依托，是展示信息传递的载体，同时也是展示设计的核心，整个展示设计都是围绕展示内容信息的传递来展开的。

因此，内容策划是展示工作的重要环节，只有首先具备一个好的内容脚本，才能有效地将文化遗产的价值传递到每一个受众。

在初步形成展示构思理念的基础上，开展概念性展示设计、方案设计，则需要实地考察遗产的各方面细节，然后进行深化设计，形成设计方案文本与图纸，有必要时还需通过原型或影视语言来表现。

在展示内容策划的过程中，需要考虑3个因素：一是内容是否支撑主题；二是内容是否吸引观众；三是内容是否有利于形式设计。

展示内容策划分以下3个转换阶段：

第一，梳理整体大纲。第一项转换是研究展示选题、研究藏品资料、消化学术资料、分析观众的动机和需求、确立展示传播的使命和目标。

具体工作就是根据文化遗产的学术研究成果、考古报告、申遗文本等文献资料进行收集整理，从中分析出该文化遗产的历史价值、文化内涵，梳理出展示学术大纲。

第二，丰富文本内容。第二项转换是提炼展示主题、确定展示的基本内容、思考展示的基本机构、思考展示的结构层次、凝练每部分或单元的主题、指出每部分内容的重点和亮点。

具体工作就是根据梳理出的学术大纲来逐条丰富内容，确定其展示的具体元素、故事情节、场景人物等，形成初步的展示内容文本。

第三，设计创意形式。第三项转换是选择和安排展示的素材、编写展示的文字大纲、研究展示对象组合、分类并科学安排展示传播的信息、提示展示的表述、与形式设计师对话。

具体工作就是在展示内容文本初步形成的基础之上进行多媒体艺术的创意构思和设计，根据其价值所适合传播的途径，选择互联网、移动终端、现场互动等多种形式。

（二）针对不同人群的展示手段分析

针对不同人群的展示方式，需要通过分析不同人群的需求，选择合适的技术手段来呈现不同的内容，通过不断地完善设施、增加互动、加强宣传、增添内容等，让各种各样的人群愿意主动关注、走近遗产，更愿意从中得到历史文化内涵的熏陶。

当今，先进的数字化展示手段、高科技陈列让文物"活起来"了，互动的网络平台则让人们能随时随地"走进"遗产地。在文化遗产保护修复领域，高科技大显身手，让文物重焕生机。高科技在观众与文化遗产之间搭建起了一个沟通的桥梁，让文化遗产与观众零距离，在人们身边"活起来"。

1. 按职业人群划分

（1）专家研究学者：共享、交流

需求分析：对于真正做学术研究的专家、学者等研究人员来说，他们不仅仅需要一个信息获取的平台，还必须保证这些资料都是最新的，甚至是一个可以将全国乃至全世界专家、学者联合在一起的交流平台。通过平台不仅可以利用前人的科研成果，还能进行在线留言、互动交流、相互启发。尤其是利用提供的科研交流和探讨功能，还有助于创造更多的学术成果。

技术手段：建立遗产资源共享网络平台。

应用：专家、学者们通过这个平台，可以方便地查询和使用数字文献资源，了解最新研究动态、成果及相关应用的信息，并在已有基础上进行新的创新。

（2）遗产管理人员：可视化管理

需求分析：对于遗产管理人员来说，他们需要在考古调查发掘、保护规划、遗产监测、藏品管理等各个管理环节的工作可视化，以方便直观地进行各项操作。

技术手段：将遗产的各种管理信息转化成可视化数字资源，包括图片、文字、视频、3D模型，甚至虚拟出动态的三维遗产场景。

应用：遗产管理人员利用可视化的遗产数字化资源，在考古调查发掘方面可快速直观地展示遗产的大场景航拍信息、三维模型和三维空间测绘等多种信息；通过展示遗产地规划设计，促进快速决策；通过虚拟出三维场景，使监测数据清晰可见；利用虚拟现实管理和展示文物藏品，能表现文物的丰富信息。

（3）普通游客（包括本地人和旅游者）：休闲、娱乐、猎奇

需求分析：文化遗产的展示对于普通游客来说，既满足了猎奇心理，也实现了一饱眼福的愿望。但是，由于普通游客对文物出身背景不了解，都不明白它的珍贵所在，其目光仅仅停留在文物的外在形状上，以至于对它们只是观赏而不是欣赏。再加上陈列死板，对象没有吸引力，展示互动性比较差，自然不能吸引人。多数游客只能走马观花而无法细细品味，能自己动手动脑做的事少之又少。

所以，针对普通游客的需求，文化遗产的数字化展示不光需要展示遗产本体，更应该透过实物看到它本身的意义，即需要展示出遗产背后的文化价值，并运用通俗易懂的语言来阐释遗产的价值内容。同时，遗产的现场展示形式有待提升，需要运用超强的互动性给大众留下极深的印象来吸引游客。

技术手段：专题展示网站（三维模型、全景场景、虚拟现实交互、创意游戏、图片文字音频和视频等多种形式）、移动APP（随身导游、地图导览、增强现实、三维模型、全景场景、虚拟现实交互、图片文字音频和视频等多种形式）、现场互动体验设施（触屏交互、体感互动、全息投影、幻影成像、互动地幕、弧幕投影、动感影院、虚拟现实眼镜和跑步机等设施）、自助讲解设备、影视作

品等。

应用：线上通过多媒体丰富地展现遗产的本体及文化内涵，移动终端通过各种 APP 让人们随时随地融入文化遗产；在遗址和博物馆现场通过各种沉浸式交互设备来让游客们身临其境地体验文化，通过自助讲解设备或移动 APP 来详细讲述遗产的历史背景，再利用影视作品来深度阐释人文内涵。

2. 按年龄层次划分

（1）中老年人

需求分析：对于中老年人，他们一般有较高的知识文化水平和丰富的人生阅历，同时在长期生活中常常培养出对某种事物的爱好，例如书法、绘画等，另有些人甚至对文物有一定的鉴赏能力。他们中大多数人是想感受一下文化遗产的时代感、沧桑感、人文感，希望打捞起在生命中残落的历史碎片，同时希望对遗产和文物进行鉴赏和把玩。另外，很多年龄偏大的中老年人比较注重修身养性，希望在文化气息中让思想、精神得到恢复，能够体验深厚的历史文化、养生文化。因此，中老年人需要对从古到今的发展史有更加深厚的了解。

在数字化展示设计过程中，需要在展示线路设计时考虑知识的渐进性和整体的连贯性。技术手段：历史资料专题研究网站、数字化虚拟文物鉴赏。

应用：中老年人可以通过历史资料专题研究网站来加深对历史文化、时代变迁的理解，通过现场数字化虚拟文物鉴赏可以随意把玩和研究自己喜爱的文化遗产，亲身感受历史文化气息。

（2）青少年

需求分析：青少年人有足够的热情和精力，且大多处于上学阶段或工作初期，特点是有强烈的求知欲和参与精神，在遗产地和博物馆参观时带有明确的学习目的。青少年人记忆力强，能基本记住文化遗产的信息。他们希望接触社会，看问题从只注重表象转变为对本质逐渐产生兴趣，对新鲜事物抱有十足的热情，能对某个不理解的问题锲而不舍，大多数时间泡在网络上，是文化遗产展示的主要受众。

因此，青少年作为比重最大的受众群体，也是文博领域教育的重地，他们需要更多的学术活动和展陈活动来拓宽自身的知识面。同时，青少年乐于接受新鲜事物，我们需要用更加多元化的展示形式增强互动性，来吸引他们的注意力。

技术手段：官方网站、微信微博、游戏、现场互动体验设施等。

应用：青少年更多地借助网络和手机来了解文化遗产相关知识，通过刷微信朋友圈和微博来随时随地关注遗产信息，同时通过在遗产地和博物馆参与创意小游戏、数字互动体验设施等新鲜事物来感受文化遗产。

（3）儿童

需求分析：对于一些低龄儿童，他们的特征是年纪幼小，知识水平低，理解能力、逻辑能力尚未成熟，对一切事物都深感好奇，有强烈的探索意识，同时注意力不易专一，在参观行为上处于被动状态，很难维持对一件事物的长久兴趣。且儿童一般由学校组织进行参观教育，或者由家长带领来参观。

因此，儿童的认知、玩乐需求与家长和学校对儿童的培养、教育需求交织在一起。针对低龄儿童的遗产数字化展示，更需要多设计一些寓教于乐的项目。比如一些遗产地或博物馆组织的趣味寻宝活动，在规定时间内要求儿童根据一定线索寻找到目标文物并拍照，从而激发儿童的参与热情。

技术手段：专门为儿童定制的卡通风格网站和手机 App 上的创意小游戏、现场互动游戏及体验设施等。除此技术方式之外还需要针对儿童设计易于理解的解说系统，以帮助他们"读懂"文化遗产。

应用：针对儿童喜欢玩乐的天性，通过卡通风格的网站设计、生动新颖的现场数字化互动展示和一些小游戏来吸引低龄儿童的参与兴趣，以达到寓教于乐的目的。

3. 按身体机能划分

（1）无障碍（身体健全者）

身体健全者不需要特殊的展示手段，仅需要根据职业和年龄来有针对性地对待即可。

（2）视觉障碍（盲人）

需求分析：对于盲人来说，他们看不见任何东西，因此需要在文化遗产展示时添加触觉、听觉、嗅觉等其他感观来弥补。

技术手段：自助语音讲解、有声电子图书、力反馈手套或头盔、超声波脉冲虚拟触觉装置、香味生成装置等。

应用：通过语音讲解或有声电子书让盲人可以听到文化遗产背后的故事，更加细致全面地了解遗产的内涵；通过力反馈系统，盲人可以感受物体形态、纹理、材质的不同而直接"触摸历史"，依靠触摸来认知文化遗产，甚至可以依靠盲文转换器将文字解说转化为盲文；通过辨识气味可以使盲人更加全面地感受文化氛围。

（3）听说障碍（聋哑人）

需求分析：聋哑人听不见，需要通过无声的手语、文字等来理解文化内涵。技术手段：在有音频、视频解说的部分，同步转化为文字描述进行补充。

应用：可以通过手语、字幕、图片融为一体的文化遗产介绍片，让聋哑人跟随讲解路线去了解文化遗产，从而弥补听力上的不足。

（4）行动障碍（四肢残障人士）

需求分析：四肢残障者行动不便，针对他们的展示手段需要从空间上弥补他们的行动不便，以及从游览操控方面弥补他们的四肢不能活动的问题。

技术手段：官方网站、远程机器人、虚拟现实眼镜、触觉反馈手套或头盔、语音控制系统、眼球控制系统、脑波控制系统等。

应用：首先，针对下肢残疾不能行走但上肢可以活动的残障人士，除了可以通过官方网站来参观遗产地和博物馆之外，还可以通过远距离临场机器人终端所显示的视频和音频，与遗产地和博物馆进行互动参观。

其次，针对不能到现场的残障人士，可以通过穿戴式虚拟现实眼镜和触觉反馈手套来让他们真实地"看到和摸到"遗产。

再次，针对四肢都不能活动的肢体残障人士，还可以用语音控制系统来发号施令，进行遗产浏览，受控制的终端包括远程机器人、官方网站或App。

最后，至于瘫痪在家又不能说话的人则只能用眼球控制或脑波控制技术来操控遗产的浏览了。

二、数字化展示工作流程

由于各类展示项目的制作和设计过程都不尽相同，下面分别针对几种常见展示类型的制作过程和前期策划、设计中需要注意的事项作简要阐述。

（一）全景浏览

全景浏览的制作包括以下3个阶段：

1. 对游览线路的设定

根据遗产地或博物馆需要突出表现的重点内容（重要景点、展柜等）设定游览线路，再沿线路布置全景点的位置（包括地面浏览和空中全局浏览），并根据重点区域来设定全景点之间的距离（重要的区域更加密集一点），确保全景点的可见范围包含了遗产地或博物馆的重点区域。

2. 全景的拍摄与制作

使用专业相机、鱼眼镜头以及三脚架拍摄全景图片，并使用全景拼接软件来进行制作。如果是激光全景还需要使用三维激光扫描仪来进行点云的采集，并在制作中将全景图片与激光面片进行点云的配准处理。

3. 后期合成

包括地面指引小箭头的添加和操作界面的制作，还可以在全景中增加文化遗产的文字、图片、视频及音频解说，使文化遗产的全景游览也具有互动效果。

（二）动画视频

一个完整的动画视频的制作总体上可分以下3个部分：

第一，前期设计。这是整个动画视频制作的重点，往往需要调查大量的历史资料、文献，甚至请教专家、学者，以求还原历史的真实。其工作是根据要表达的文化遗产本体、价值和内涵等，对动画片进行规划与设计，可以是制作原貌视频动画，也可以是复原和重建遗产，甚至模拟历史中曾经发生的场景动画。主要包括：历史剧情文本创作、分镜头剧本创作、文物动画设计、场景设计。

第二，动画制作。根据前期设计，通过3DS Max（3D Studio Max，简称3 DS Max）、Maya、PE等软件制作出3D模型并渲染成动画片段，制作流程为建模、材质、灯光、动画、摄影机控制、渲染等，三维动画的特色是还可以加入特效、白天黑夜变化、风雨雪等环境效果。

第三，后期合成。主要是按照剧情设计将相关的动画片段、声音等素材，通过非线性编辑软件的编辑和整合，最终生成动画视频，同时可以加入对文化遗产的语音解说、字幕及标注等。

（三）创意游戏

1. 策划游戏

创意游戏的制作首先是策划游戏，即根据文化遗产所要表达的内容来进行创意设计，包括游戏的表现形式、设定角色和内容等，并确定游戏风格。

2. 初步的设计

包括策划一套基本游戏的玩法、搭建基本的游戏流程框架、确定游戏的大小和所需要的平台。

3. 游戏的制作

包括利用 Flash 进行二维制作和利用 Unity3D 进行三维制作，也需要进行程序的开发。

4. 编译和测试上线效果

以保证游戏能给大众带来寓教于乐的互动体验，以及文化遗产内涵、价值的传达。

（四）虚拟三维交互

虚拟三维交互的制作过程与三维动画视频的工作类似，分为以下 3 个阶段：

第一，前期设计。包括剧本创作、文物动画设计、场景设计、交互设计、界面设计。同样需要调查大量的历史资料、文献以及请教专家、学者，来最大限度地了解历史的情况，同时根据文化遗产现状图片、文字等资料，对遗产的现状进行虚拟三维重建。还可以根据文化遗产的历史记载，以及专家、学者提供的资料，来对遗产的历史原貌进行虚拟复原模拟。因此，在前期设计阶段，资料、文献的收集整理工作的质量，将直接影响到文化遗产重建的效果和真实性。

第二，三维模型和场景的制作是根据前期设计，通过 3DS Max、Maya、PE 等软件制作出 3D 模型，利用 VRP、Uity3D、虚幻引擎等软件制作虚拟场景和交互界面，交互的制作流程为模型导入、程序开发、交互绑定、特效制作、摄影机控制、界面制作等。虚拟三维交互场景可以让观众以人视角和飞行视角来控制方向、自主漫游、自主交互，并支持天空和水流的动态特效及白天黑夜变化、风雨雪等环境效果。

第三，发布阶段。是将完成好的虚拟三维交互场景进行资源打包、加密，发布成可以用浏览器进行观看的漫游场景，还可以将虚拟三维交互场景内嵌到网站中去。

（五）官方网站

文化遗产地或博物馆的官方网站的制作，主要包括以下几个阶段：

1. 需求分析和策划

是网站非常重要的一部分，一个好的分析策划工作对文化遗产地或博物馆的宣传、推广有很大的作用。在做网站之前要全面地了解文化遗产的宣传内容，分析传播目标受众的情况，以遗产价值、内涵的传达为最终目标。

2. 设计

除了内容和框架设计之外，还需注重风格和界面的设计，既要在界面和风格上体现出文化遗产厚重的历史气息，同时还要兼顾现代科技的风格，另外还要考虑在排版和操作方面易于让大众从心理上接受和认同。

3. 开发

即网站前端和后台制作，是程序开发人员根据前面策划和设计的内容，通过 VS、Dreamweaver、PHP 等编程软件，对整个网站进行开发制作。

4. 上线测试和运行维护

即在网站做好之后、正式上线之前对网站进行测试运行，挑毛病、挑问题，修改解决之后就可以上线了。上线之后还要对网站数据进行不断地更新、维护。

（六）移动 App

移动 App 的制作过程与官方网站类似，也有以下几个阶段：

需求分析和策划。与官方网站一样，要了解文化遗产的宣传内容，分析传播目标受众的情况，以遗产价值、内涵的传达为最终目标。此外，还要考虑手机等移动终端设备的使用特性，利用手机的便携性、GPS 定位、摄像头识别等功能来策划更宜于文化遗产展示的 App 功能。

设计。在做好内容、框架、界面、风格的设计之外，还要注意保持 App 的风格、界面的设计与官方网站的风格和界面保持统一。另外，App 的界面、风格设计同样要体现出文化遗产厚重的历史气息和现代科技的风格，以及考虑在排版和操作方面易于让大众从心理上接受和认同。

开发。即程序开发人员根据前面策划和设计的内容进行编程制作，在此过程中如涉及到二维码扫描、增强现实以及实时导航等功能，除了进行软件开发之外，还要在现场开展二维码标识的设置、Wi-Fi 或蓝牙定位模块的安装等工作。

上线测试和运行维护。App 开发完成之后就可以上线测试了，通过了测试之后即可以投入运行和使用，使用过程中还要进行不断更新、维护。

三、数字化展示方式与传统手段的结合运用

在展示中，人（观众）、物（展品、展示道具）、场（展示空间环境）、时间等展示设计的要素，共同构成展示的一个信息空间系统。博物馆展示的人性化设计是以人、物、场、时间所构成的系统为主体，科学、合理地构成展示空间环境。在展示技术手段的运用上，每一种技术都有各自的特点和擅长的领域。在实际展示设计中，可以将不同技术组合使用，灵活运用这些技术的不同特点来展示文化遗产，同时与传统展示手法相配合，共同创建一个由"人—物"构成的展示、传达体系，达到阐释与展示的最终目的。

（一）现场展示方式

对于到遗产地或博物馆现场来观看的观众，现场的遗产地或博物馆主要以实

体（文物或遗址）为主要物品，配合展板上的图片、文字以及现场视频设备上播放的影音、照片、互动查询等内容进行展示。

现场的展示技术主要是配合着现场实体来作进一步的深入阐述。现场展示的遗址、文物这些物质化的遗产往往只能给观众展示一个"躯体"，大多在实体前面放置一小块说明牌，承载的内容有限，通常只能简单介绍一下文物的名称、朝代、作用等，且受场所范围的限制并不能完整地给参观者呈现出实体背后的扩展内容，如故事背景、历史来源、意义价值、相关人物事件等。在现场展示实体文物时，除了利用文物卡片这样的传统手段来介绍之外，还可以利用数字化的多媒体技术来传达更多的内容。

对于博物馆展柜、展厅中陈列的文物，可以在文物说明牌上附上二维码，让参观者通过手机、平板等设备来扫二维码，获取更多的文物图片信息、文字内容、视频介绍，通过语音自助讲解实现数字化的随身导游；利用手机摄像头和展示屏幕，参观者可以看到增强现实后的历史画面叠加到实体文物上的效果；通过现场的无线定位和免费 Wi-Fi，不但可以使参观者享受免费的博物馆网络，还可以让文物自动识别身边的参观者，做出与参观者进行主动式的消息"对话"推送等智能行为；通过智能导览 App 可以为观众提供室内导航，甚至可以通过对现场 Wi-Fi 接入的观众信息进行大数据分析，为展陈工作的改进收集数据、提供参考帮助。

对于在室外的遗产地，如园林、石窟寺、建筑群之类，即只能通过参观者到现场进行亲身体验才能感受到的文化遗产地，同样可以利用手机定位与 App 导航功能进行线路规划，并利用二维码等图像识别技术来获取遗产地更多的历史背景和详细内容介绍。利用增强现实、幻影成像等投影类的功能将数字化的过往历史与现场场景中的遗址、遗迹实体融合起来，既可以进行虚实结合的效果叠加，又可以进行古今中外的效果对比，来一场身处遗产地的真实版历史穿越体验。

（二）展厅展示方式

展厅一般是指在博物馆之内的建筑单元，或是在遗产地附属建筑中设立的专门展室，其特点是对物和人都有一定的空间约束性。传统的展厅展示方式通过建筑空间关系的搭建、展厅展陈物品路线的设计、灯光和实体模型布景的设计，对在展厅中的参观者进行路线的引导、意境的渲染和文物氛围的传达。

展厅的展示方式，与现场展示方式类似，数字化手段除了现场展示的那些数字化方法之外，还需要注重空间的利用和视觉上的传达效果。可以在博物馆中设立专门的数字化展厅，这种展厅不以实体文物为依托，而是直接以数字化的虚拟遗产为主要展示对象，在空间的布置上更加有利于数字化成像设备的运用，在视觉、听觉上更加重视专业级音响、投影器材的投入，在环境氛围的烘托上更注重灯光变幻配合着投影的视觉效果，借助全息投影、幻影成像、大屏幕拼接、互动地幕、电子书等大型数字化多媒体设备，展示以三维模型为主体衍生出来的多媒体内容。这是一项集合建筑空间设计、专业视听设计、灯光环境设计、数字多媒体设计，并将实体布景与软装设计结合在一起的综合性整体规划。

（三）异地展示方式

异地的受众受地点的限制，无法亲身到遗产地或博物馆的现场来进行感受，因此，很多现场展示、展厅展示的方式已经不适用于异地的民众了。身处异地的观众一般是借助网络，来访问遗产地或博物馆的相关网站、App 和社交平台。

异地的受众可以通过互联网来访问文化遗产的网站。受众在网站上可以了解文物或遗址的详细信息，包括文字、图片、视频、音频等，甚至可以身临其境地看一看遗产地或博物馆的 360°全景，玩一玩蕴含着历史文化内容的虚拟三维或者 Flash 二维小游戏，听一听人类文明的历程故事，与网络虚拟社区的伙伴聊一聊新鲜事和新感受。

利用网络穿越距离的限制，处在异地的受众可以不惧地域的束缚，轻松地远程了解遗产的历史、艺术、科学和文化。通过网站、手机 App、微信和微博来展示、宣传和推广，不但能够让异地的受众享受到足不出户的文化盛宴，还能够借助这类方式来扩大受众的范围。同时由全景、三维、互动等数字化技术带给受众意犹未尽的感观体会，可以激发起他们来实地参观的兴趣，建立起异地远程展示与现场展示的联系。

从异地展示设备上来说，技术上除了使用普通智能手机外，最近还兴起了基于移动终端设备的投影框架、远程临场机器人等,这些高科技设备的出现,不但将远程的数字展厅搬到了手机上,让人们在异地也可以体验一把全息投影展示的文物,还可以方便一些身体残障、行动不便的特殊人群,让文化遗产的传承公正地传递到每一个人的眼里、心里。

(四) 展示手段的相互联系与配合

参观前,线上为线下提供观众量,线下为线上提供实体支撑。参观者可以通过网上数字博物馆、移动 App、微信、微博等来浏览遗产信息,利用照片、视频、语音、文字、全景、虚拟三维、游戏等多种形式,预先了解自己想逛的内容,并通过地图导航、门票预约等在线功能,规划去实地参观的游览线路。

参观中,数字化管理的停车场、数字化门票管理系统,给参观者带来全自动化、智能化的泊车和票务服务;在实地游览过程中,在传统的展柜展示、展板展示等实体上,通过设置可扫描识别的二维码或图像,建立起实体展陈与数字化展示之间的联系,让参观者可通过手机 App 扫描,从而给参观者展示更丰富多样的数字化信息,同时配合着实体文物展示,让参观者更全面地了解文化遗产;在场馆内或遗产地室外,都可以通过 Wi-Fi 热点进行位置识别,让遗产地自己对附近的观众自动推送消息,包括图片、文字、语音、视频等,实现免费自助讲解,还可以通过定位来进行室内外导航;利用增强现实、三维虚拟互动、幻影成像、全息投影等声、光、电的方式,将现场实体展示与数字化的虚拟影像叠加起来,让传统展示与数字化展示互为利用,让实体文物与虚拟幻影文物完美融合并形成强烈对比,从而展示、传达出更多内容。

参观后,遗产地或博物馆管理人员可利用官网、淘宝、微信、微博等数字化网络平台,拓展文化创意产品的电商业务,让更多的参观者通过网络了解售卖活动,并将网上人流量引入实体店中,通过线上或线下的纪念品购买,让观众"把博物馆带回家""把文化遗产带回家"。可利用大数据技术收集信息,通过数字化门票统计人流量,通过 Wi-Fi 接入量、信息下载量、停留时长、频次、区域等信息来分析参观热点,同时通过文创产品的购买量、语音视频资料的下载量、导航的地点搜索频次等数字化信息来分析哪些产品、文物或遗址是观众最感兴趣的，从而利用数字化情报分析得到的结果来更好地规划实体展陈的线路、设计文物陈列的摆放、控制人流量做到"削峰填谷"、开发更吸引人的文创产品；可利用大数据信息得到的分析、反馈结果来修改、完善实体展示，帮助实体展示更好地布设、表达和推广，从而为更好地布展、陈列展示等提供建议；还可以利用电商、文化创意产品的售卖得到的资金进行维修和保护，反哺文化遗产，形成一个"数字化—实体"展示相互配合、促进发展的生态链，共同达到阐释与展示的目的，从而更好地保护文化遗产。

第三节 文化遗产与文化产业

文化遗产和文化产业的问题比较复杂。很多区域和城市发生了令人担心的状况，就是将商业化行为或者对商业利润的追求作为文化遗产和文化景观开发的重要目标。我们不否认商业利润的重要性，但过度商业化往往偏离了文化事业和文化教育的初衷。

虽然政府的公共管理行为对于纠正市场失灵十分重要，但也存在一些管理方面的风险。我们不能否认文化资源进行商业化经营的价值，并且需要通过机制设计及价值评估等进行文化资源和文化遗产的优化开发，从而实现各类主体收益和福利的均衡结构。

人们需要给子孙后代保留一个相对良好的自然环境，更需要给子孙后代提供一个良好的文化环境。但是，这两方面的发展现状令人忧虑，一些领域甚至严重恶化。保持环境和文化方面的良好状态，是当代人的历史责任。在这方面，要切实发挥那些具有重要影响力的组织和人士的作用。

公共政策是文化产业发展的有力工具。在经济社会要素向城市集中的背景下，需要在城市区域构造具有恒久性价值的文化景观，并发挥这些文化景观，特别是教化方面的力量。这就需要系统性发挥财政、金融和税收等方面的政策支持，并根据民意等对政策执行效果进行谨慎评估。

没有文化的复兴，就谈不上大国的全面复兴。中国的文化资源应该为世界文化事业的发展做出更大贡献。因此，需要让文化产生价值，让文化发挥作用。文化经典和文化理念的景观化是一种可行的方式，对于文化价值的发挥具有显著作用。在新时期，需要充分利用技术和其他可行的方式体现这些经典价值，并且需要科学地评估这些价值并据此采取合宜的行动。

一、文化遗产保护经济学

（一）文化遗产保护的区域性、行业性发展格局

出于政绩或者强化地方文化吸引力等因素的考量，各地在保护文化遗产方面存在竞争。文化遗产保护领域的竞争，更多是一种商业化目标的竞争。这种竞争具有正向价值，其结果是给公众提供了大量文化产品和服务。大范围、高规格开发文化资源的商业价值，已经成为很多城市发展的重要规划内容。实际上，一些重大项目也根据这些规划的落地产生了经济效益和社会效益。此外，各城市还在旅游等综合竞争方面出台政策措施，这些都在一定程度上促进了文化遗产保护工作。

总体来看，具有优质自然禀赋和良好财政经济实力的区域在文化产业方面具有显著优势。因此，竞争的结果是区域之间产业发展的不均衡，以及文化产品和服务方面的不均衡。不过，需要看到这些竞争的后面也存在一些问题。比如，一些地区存在过分追求规模化导致的景观结构趋同；一些地方政府提供的服务价值和文化景观收益的价值之间不匹配，即文化景观价值高但服务价值低；一些文化项目存在忽略教化价值的倾向和做法等。此外，资源禀赋等原因导致的垄断也对相对公正的竞争产生不良影响。

（二）降低文化遗产保护中的不良外部性影响

文化遗产保护中存在很多外部性问题。比如，文物部门是否很好地保护文化遗产，以及相对优化地发挥文化遗产的价值，这个问题存在长期争论。现实的文化遗产保护行为更多是一种管理行为，但也有一些文物修复等保护行为，而修复技术的发展使得保护目标可操作，且对于延缓文化遗产的价值减损有正向作用。

因此，所谓文化遗产保护的不良外部性影响，就是指开发中由于各种原因造成的价值损失以及其他一些不良影响。能够将这些不良外部性影响控制在一定范围，就是一种比较成功的规制和管控。

当前，市场自发行为导致的不良外部性影响是主要的，政府规制低效导致的不良外部性影响是次要的。首先，降低不良外部性影响的一种方式就是产权改革。由于文化遗产是公共产品，存在产权虚置的情形，因此部分文化遗产在适度产权结构下可以进行更好的保护和经营。对于有关文化产业主体，政府应该持续推进产权改革，切实发挥市场主体的竞争力和相对优势。其次，降低不良外部性的一个方式是适度推进商业化经营。商业利润的再投资能够在一定程度上降低不良外部性影响。如果商业化没有显著影响到文化遗产的价值，那么政府不应该进行过多干预。最后，开展第三方评估是重要的价值评估方式。对于一些重要的文化产业项目，政府应该通过第三方评估的形式来进行价值评估，以便回应社会关切和降低决策成本。

（三）选择性保护还是全面保护

财政资金有限等因素导致有些文化遗产不能实施全部保护，而只能是一种选择性保护，这是理性的安排和设计。比如，长城作为重要的文化遗产，显然没有必要从西到东进行全面保护，只需要在重要旅游景观处进行重点保护即可。同样，其他文化项目也应该着力突出重点，实施选择性保护，因为一些文化遗产确实没有保护的价值，或者与为保护支付的成本所匹配的价值。比如，对于一些不可移动的住宅，民众关注度很低，政府也没有必要进行全面修缮，对城市和区域发展也缺少显著价值。在这种情境下，通过城市更新进行拆除也是一种理性选择。总之，政府应该承认一种相对非均衡的市场结构和文化福利是常态，避免用"一刀切"的方式扰乱文化产业的运行，并且造成财政资金等资源的耗散。

此外，一些地方没有充分考量公众消费能力有限性等因素，快速上马的一些文化景观工程也应该着力突出重点，选择性开发或者将景观规模压缩在一定范围内，实现集约化发展和开发，避免这些文化景观工程占用更多土地等资源造成效率和价值的损失。总之，选择性保护和选择性开发是降低文化事业与文化产业风险的一种方式。

（四）藏宝于民就是藏富于民

商业时代的社会结构是多元的，文化遗产保护的主体也是多元的。大规模的文化遗产保护和文化景观工程需要政府等主体来推进，但公共行动通常存在效率方面的损失，这叫作"集体行动效率损失"。这是人类合作成本的一个特征。由于竞争以及对风险控制能力方面的差异，民营主体实际上能够发挥提供文化产品与服务的重要主体地位，尽管民营单位也存在合作效率损失。因此，民间小团体等主体往往能够更有效率地实施一些文化遗产保护和文物保护工作。一些文化遗产流落到民间，这些民间文化学者和文化商人对文化遗产进行了一定程度的保护和商业经营。由于产权明晰以及经营目标定位精准等，民间文化遗产和文物保护取得了一些成就。一些民营博物馆等具有较好的市场表现，并在传承文化方面做出了有价值的贡献。

新时期，文化遗产保护和文物保护需要进一步承认民间主体地位，就一些文化遗产和文物明确产权等关系，并着力对一些具有发展潜力的民间文化保护机构、文化团体和文化企业进行支持，这是一个符合现实的理性选择。官办文化机构和民办文化机构的平衡发展对于文化事业和文化产业的发展具有基础性作用。此外，政府应该探索更具有效率的文化福利政策，如将部分文化福利资金直接发放给家庭，支持家庭从市场购买符合实际需要的文化产品和服务，而不是盲目上马文化项目工程，造成财政资金的耗散等不良外部性影响。

二、文化资源的商业化开发

虽然文化产业不能过度商业化，但是文化资源的开发需要一定商业行为予以支撑，商业化就不可避免地面对市场竞争。实际上，很多地方知名文化景观和文化资源都存在开发方面的激烈竞争，这种竞争主要在省级层面。同时，省级行政区内部各个景区和文化景观之间，也存在比较激烈的竞争。这是经济社会活动的现实问题，需要理性面对并采取有力措施解决。

（一）文化资源商业化开发的逻辑基础

这里讨论的文化资源，不仅包括文化遗产、文化景观，还包括具有文化创作行为或者文化产业行为的职业人员，他们是重要的人力资源，也是文化资源的一部分。他们的文化产品和服务在整个文化市场中发挥着作用，应该尊重他们的劳动并着力发挥他们劳动的专业化价值。

整个文化资源商业化开发的基础是，在一个常态社会中，各个经济要素需要在市场中实现要素的价值。商业化驱动能够激发文化工作人员提供高品质的文化产品和服务，能够在开发合作中降低要素的流动成本并着力实现规模化经营。这种利益驱动能够让各类主体更加理性地选择和行动，并对文化资源保护和开发进行更好的激励。

（二）文化资源商业化开发的事实基础

人类已经告别传统农耕文明时代进入商业时代。商业时代的文化资源开发，需要尊重商业规律和商业逻辑。

一是文化类人力资源需要从商业化行为中获得收益。专业化从事文化遗产保护工作的人员作为人力资源的构成部分，需要从文化遗产的商业化开发中获得收益。不管是来自国家财政性工资收益，还是来自其他市场化服务收益，都应该予以承认和保护。

二是公众具有提高文化消费的意愿和行动。文化消费中的相当一部分是旅游消费。这些消费在很大程度上体现出公众对文化消费的意愿和行动。因此，商业化开发是满足民众消费意愿和消费行为的条件。

三是文化遗产等需要财力要素来实施保护和开发。为了维系长久收入和文化遗产综合价值，文化遗产保护单位需要通过商业化来增强技术性服务能力，以便开展文化遗产的永久性开发。即便不进行商业化开发，一些文化资源也会随着时间产生价值自然减损，这是资源价值的耗散过程，严重降低了文化资源的综合价值。

（三）文化资源商业化开发的主要模式

总体来说，文化资源商业化开发模式有两种，即专业化产品与服务开发模式和综合性产品与服务开发模式。其中，综合性产品与服务开发模式主要有景观工程化模式等；专业化产品与服务的开发模式主要有专业化市场拍卖交易、专业化技术培训及专业化文化成果展示等。

景观工程化模式。利用重要历史人物和事件等方面的遗产，建设具有教化、观光等功能的文化景观工程，是文化资源商业化开发的一种模式。比如，各个城市兴建的城市会客厅就是一种景观工程化模式。会客厅具有显著的文化和历史特色，具备承接一些重要会议等功能。因此，这个模式已经成为很多城市兴建文化景观的重要选择。

仿品制造和交易模式。一些文化资源通过制造仿品进行交易，这已经成为一种被广泛采用的文化资源商业开发模式。尽管仿制品不是真品或者原件，也不具备真品的价值，但是仿制品能够较大程度地满足民众对文化产品的消费需求。因此，适度推进仿品制造也是文化产业发展的一个重要方面。

技术化开发模式。3D打印技术等正在更多地被应用在文化产品开发方面；文化产业应该着力实现技术化发展，而不是墨守成规。比如，电脑刻字技术能够更好地在竹子等材料上刻制文化经典，这样能够低成本地制造大量文化产品，满足大众化市场需求。

衍生品创新模式。正如金融领域的衍生品一样，文化领域的衍生品也是文化产业分化的一种形式。

（四）文化资源商业化开发的不良外部性影响

文化资源的商业化开发存在诸多不良外部性问题，如不公正竞争等问题。降低这些不良外部性影响应该是产业整体发展风险防控的重要目标。

一是不公正竞争问题。所谓文化资源领域的不公正竞争，主要是指一些文化产品和服务的经营主体借助特殊条件炒作文化产品和服务价格等。这种行为给一些主体造成经济损失，乃至非常严重的风险，所以应该看成不正当竞争行为，政府应该依法对其进行规制。

二是低水平饱和问题。这主要是由于城市和区域存在文化景观建设的相互模仿现象，导致景观结构趋同。比如，很多乡镇虽然建设了一些文化景观，但是由于缺乏核心竞争优势及游客数量有限等因素，经济效益较低，乃至处于相对停滞状态。这是风险估计失误导致的结果。对此，应该根据国土空间规划等方面的政策积极予以纠正，转化低水平饱和的文化景观用途，这样可以提高国土空间的利用价值。

三是经济风险问题。一些文化项目的商业化开发导致了一些经济风险，给有关主体造成了经济损失。比如，一些地方政府鼓励的文化旅游项目可能陷入了市场风险，给投资主体造成损失，或者以文化项目的名义搞房地产项目，背离文化项目的设计初衷等。这些都是不同领域和不同程度的经济风险问题。

四是文化项目的形式化问题。一些文化项目存在过度形式化问题，即缺乏精神内涵和实质性内容，这种现象表现为文化项目存在泛娱乐化倾向。这些项目虽然使民众体验了娱乐，但是难以得到有价值的教化等。因此，在很大程度上应该看作不良外部性问题。

（五）文化资源商业化开发的其他问题

一是收益分配问题。一些地方政府和文化资源经营主体之间存在收益分配的冲突等问题。这需要通过一定形式如立法，进行明确，以免激发有关主体之间长期的矛盾和纠纷。

二是价值拓展问题。政府部门在规制中需要重视价值拓展问题，而不能仅仅看商业价值。换句话说，政府在评估文化资源商业化开发时应该将社会效应作为重要内容进行评估。不仅如此，政府还需要通过一些措施对文化资源开发过度商业化的行为予以规制。

三是结构优化问题。一些城市和区域因为文化资源的空间结构问题约束了发展。多年来，这些城市在扩建和改造中着力推进文化景观空间布局优化，从而解决规模效应不足等问题。此外，结构优化要比那种大规模扩张更容易降低产业发展的风险。

三、矫正市场失灵

尽管对是否存在市场失灵，特别是市场失灵的具体机制问题还存在诸多争论，但是我们应该承认市场化的确在推出优质文化产品方面具有很大价值。文化产业和其他产业，特别是需求和供给弹性较大等方面存在一些特殊性，文化产业发展领域存在的市场失灵以及外部性表现在诸多方面。

（一）设计和运用公共政策工具

文化管理机构自古就是国家治理机构的构成部分。其负责制定和实施政策工具进行文化事业与产业的管理、服务。这些政策主要涉及财政、金融和社会保障等各个方面。面对市场失灵，政府需要以一定形式介入管理，依据就是法律和各类政策文件。

财政政策领域，优化文化领域财政支出是重要的导向。尽管国家财政支出中文化、体育方面的比例较低，但是要着力在一些重点领域和行业给予支持。特别对于那些具有重大价值的文化产品和文化工程要进行奖励性支持。体制内的文化、文物管理机构等要着力强化财政资金使用的时效性，在具备条件时可以采取财政资金和商业资本联合的形式来开发文化资源价值。

金融政策领域，金融资本和商业资本的结合在文化产业领域已经成为重要的现象。政府对此进行规制的目的就是通过金融资本支持重大文化景观工程类项目。近年来，一些地方政府通过金融资本和商业资本的结合建设了一批文化景观工程，取得了显著经济效益和社会效益。通过授信模式创新、利率优惠、大项目特别支持等方式促进文化项目工程建设，对于区域文化产业具有显著提升价值。

税收政策领域，持续推进文化类企业及有关主体的税收减免。要统筹考虑文化产业项目的风险、收益和纳税负担等因素，对具有创新潜力和市场前景的文化创意项目与主体进行免税或者减税支持。特别是，对有关主体的公益性演出等文化服务及有重要教化价值和社会综合价值的文化项目进行税收减免支持。

社会保障政策领域，进一步优化社会保障政策设计。对具有文化创意等能力的特殊人才应进行特殊的社会保障；对文化产业有关主体经营陷入严重风险的应该着力强化社会保障水平；对乡村地区具有一定文化创意能力的民间艺人应适度提高其社会保障水平。这是社会福利正义的基本原则。

其他社会政策领域，在区域均衡发展及城乡一体化发展方面，适度安排一些文化项目在农村地区建设和落地，着力形成农村地区文化事业发展的规范化和实体化。

（二）健全文化产业发展的政策体系

任何政府和公共治理机构不能放弃对文化事业和文化产业的支持。政策的协同性对于文化产业发展十分重要。不过，政府行为也存在失灵问题，政府纠正市场失灵的程度和范围都是有限的。文化领域未来的政策应在如下方面进行创新。

一是对重大文化创新工程的奖励政策。国家应该对在传统文化传播方面做出重大贡献的机构和个人进行奖励，以便延续文化事业发展的良好局面；对在文化、艺术以及文化景观工程方面做出重要贡献的机构和人士予以特别支持；对具有原创性和国际传播性的文化产品与服务进行奖励支持。

二是对公共文化服务项目的财政支持政策。要针对城市和农村的不同情况，制定不同的文化发展政策。农村地区的文化福利，应该强化对家庭文化消费的直接补贴，而不是安排统一化的文化项目。城市区域则是要强化社区文化服务能力，对低保户等困难家庭也需要加强直接补贴。

三是对重要创意类商业性文化项目的支持政策。对于有些民营企业在文化创意领域做出贡献的，要予以一定的荣誉称号和现金奖励，以便激发民营企业家的文化事业热情。在各类评奖、项目审批中要着力推进国有单位和民营单位的平等待遇。

四是对其他具有显著价值的文化项目或者文化景观工程的支持政策。对人口集聚密度大的区域的文化景观工程进行支持，以便景观价值惠及多数民众。对那些产生良好外部性的景观工程适当安排奖励资金予以支持。

（三）强化产业政策执行效应评估

公共政策领域对文化发展问题存在长期的争论，这已经成为现代社会中的一个常态化现象，这一现象说明公共政策从制定到执行，以及体现出实际价值是个复杂的过程。有很多因素都在影响这个过程，从而造成各种不确定性的结果。此外，民众个体感受差异也是对公共政策执行效应存在偏见或者评价偏差的原因。文化遗产和文化景观工程领域更是因为文化产品与服务的多样化而导致评估政策效应比较困难。

为了对政策执行进行评估，我国正在推进第三方评估体系建设。这是社会治理和公共管理共同进步的表现，但是这需要很大成本。这种方式应该用在文化领域政策评估上，公共政策研究机构需要通过大量数据和资料来说明政策的效应。

四、更好发挥文化的力量

文化产业的目标不仅在于让人们获得一些知识、经验以及灵感，更重要的是消除人们的偏见、歧视和邪念。文化的根本任务和目标在于改造人、培养人，在于塑造人的身心和精神状态。这也是文化发展的重要价值所在。

（一）拓展和增加公众文化福利

一个文明的社会，公民应该具备基本的文化涵养，同时也应该享有基本的文化福利。这些涵养和文化福利的实现需要通过政府及有关主体提供公共文化产品及服务来实现。

因此，政府要强化文化类基础设施建设，包括图书馆、艺术馆和重大文化景观工程等，让文化产品和服务惠及公众。一个社会如果没有文化的熏陶和滋养，民众的意识和行为就会很危险，就会造成很多不确定性后果。公共治理者应该始终让民众处在一个充满文化氛围的环境中，最大限度地发挥文化的教化作用。

更重要的是，文化景观工程需要注重子孙后代的文化福利，即将这些文化景观构造成未来的文化遗产。基于人的普遍性偏好，假定未来的人们对文化符号的偏好不发生严重变化，那么现在建设的一些文化景观工程多数能够成为未来的文化遗产。但是，仍然有些文化景观并不具备成为文化遗产的条件。因此，在规划和建设文化景观工程时，需要充分注意和评估其作为文化遗产的价值。

（二）持续强化文化的教化功能

文化的教化功能是文化价值的核心。政府文化主管部门和文化研究机构应该将文化服务的教化功能放在重要位置进行考量。

一是在日常生活中强化文化教化功能。初步来看，可以从文明行为、文化涵养、文化消费等方面进行日常生活中的文化教化功能的考察。二是通过专业化教育来强化教化功能。文化领域，特别是文化经典领域的专业化教育，能够让公众产生共鸣和认同，从而产生心理和行为方面的变化。三是通过文化交往来强化教化功能。我国的文化应该走向世界，我国也正在为此做出积极努力。

文化的教化功能在于形成一种良性的人伦秩序，或者是对人伦秩序的一种自然遵从。中国传统文化中的"三纲五常"就是这种人伦秩序的典型代表。这种秩序对于人与人之间进行合作并建立和谐的关系十分重要。

文化的教化功能还在于形成人与自然的和谐关系。人类不应该将自然界那种"丛林法则"应用在人类之间以及人与自然关系的处理中，人类的行为需要和野兽的行为有最大限度的区分。这些需要我们建立一种生态文明，这种文明要建立在对所有生命权利予以平等承认和尊重基础上，并且人类需要减轻对自然界中其他生命的伤害。

文化的教化功能还在于开发人的高级智慧。在工商时代人们开始掌控技术，并且对技术产生了崇拜，认为技术可以改变一切，但这是错误的导向。技术只不过是工具的一种，它距离解决人类面临的根本问题——心性还有很大差距，技术在帮助人类沟通天人关系方面没有表现出良好的作用和机制。实际上，一旦通过技术来解决这些问题，就已经落入了失败的窠臼。况且，技术的外部性已经对生命构成严重威胁，这是那些强化技术工具的人应该警醒和反思的。更重要的是，我们需要将技术工具造成的负面影响控制在一定范围，以免增加人类所面临的生存与发展风险。

（三）正确处理民生问题和文化福利问题的关系

实际上，民生问题和文化福利问题的关系比较复杂，民生问题的有效解决是提高文化福利的基础。居住、交通、教育和医疗等都是重大民生问题。国家财政支出结构方面也有力地保障这些民生领域支出。优先将资源配置在这些民生领域是公共治理的重要导向。从历史来看，那些消费高端文化产品与服务的人总是社会上层人士或者相关领域的专业人士，因此文化产品和服务的供给不能仅仅考虑这些少数人士和阶层的需要，不能因为少数上层人士的偏好而影响到一般民众的民生问题。在民生问题和文化消费问题产生冲突的时候，一定要坚持以民生问题的解决为优先次序。

不过，文化福利问题也是一个广义范围的民生问题，或者说是因高层人士或者专业人士的文化行为对其他阶层的民众解决一些民生问题具有正向作用，乃至可以通过带动和扩散等效应提高一般居民的文化福利。我们应该通过文化产品与服务的消费等行为来判断民众的文化福利水平。不过在一定条件下，文化福利和其他福利可能存在一定冲突，这就需要通过一些巧妙的设计来解决这些冲突。文化水平和文化境界的提高对于解决民生问题是有利的，即便是从纯经济视角看此问题也是如此。如公众消费文化产品的增加会减少对其他物质产品和服务的消费，这有利于保护生态环境，并增加环境的正向外部性价值。

当前，要强化文化消费和文化行为的引导作用，这种引导的长期效应需要大量资料和数据来说明。

（四）通过文化发展解决一些社会问题

一是着力化解社会冲突和消除偏见。世界大同是人类共同的理想追求，然而，历史证明人类发生战争和冲突的时期比较长，这就造成了诸多悲剧。哲人们思考应如何实现永久和平与安宁，并做出了诸多回答。很多哲人意识到文化的力量，并身体力行地通过实践来朝着理想努力。尽管我们所看到的经验事实并没有很好地实现哲人的设想，但文化的力量的确在发挥作用。文化的教化作用在工商时代和未来社会应该更加重要。

文化之间的冲突不应该成为阻碍对话和合作的因素。实际上，文化之间并没有真正的、本质上的冲突，或者不同的文化地理单元之间并没有本质上的冲突，狭隘的民族意识、部落情绪等才是导致冲突的原因。有些冲突和偏见则是由不同主体多年对立积累的。这些问题，都有必要通过文化来解决。有远见的管理者应该着力通过文化来消解这些冲突和偏见。

二是着力引导人们的高级文化行为。尽管人类创造了丰富的文化遗产，并兴建了大量文化景观工程，但是要让这些遗产和景观发挥真正的作用，就需要人类自觉的行动。如果没有真正的行动，那么那些遗产和景观仅仅是一种工具或者媒介，并不能发挥根本性改变人的意识和行为的作用。换句话说，文化遗产的教化功能需要通过人的自觉实践来实现。

总之，不管文化领域教化功能发挥的作用如何，国家的稳定安宁和人民的幸福祥和都是所有人的重要使命。

第六章 文化遗产与文化产业

第一节 物质文化遗产的数字化传播主体

传播是信息的流动过程。而信息得以传播首先需要传播者把信息转换为符号，利用媒介进行传播。从物质文化遗产的角度来说，传播者首先需要把物质文化遗产中所蕴含的符号解读出来，然后转换成想表达的信息。利用数字化的传播媒介，把信息转换成符号传达给受众，受众通过对符号的解读，从而学习到物质文化遗产中所包含的文化内涵。

一、物质文化遗产数字化传播主体的构成

传播是信息的交流与分享。传播过程中存在着两个主体：传播者与受传者。传播者可以是个人，也可以是组织。传播者的基本职能是制作、传播讯息，他们控制着传播内容，而他们又处于社会大系统之中，受到所在社会的基本制度对他们的控制。在物质文化遗产数字化传播的过程中，传播分为一次传播和二次传播，一次传播的传播主体包含：导游、政府、景区的从业人员以及数字化技术的研发人员。二次传播的传播主体即为一次传播过程中的受众，即是指到景区观光的游客。

（一）一次传播的传播主体

物质文化遗产的传播以符号为载体，通过对符号的建构和传递，实现传播目的。从具象形态到文化符号，从个体感知到集体记忆，贯穿始终的是符号的传递、扩散。物质文化遗产数字化传播是将符号通过数字化技术进行编码变成可供传播的多媒体内容。在这个过程中，信息首先要通过专业人员的编码才能变成可供受众接受的信息，因此这个过程便成为物质文化遗产数字化传播的第一个过

程，在这个过程中传播主体包括：政府部门以及景区从业人员、数字化技术的研发人员。

1. 政府部门及景区从业人员

党中央始终强调从中国的历史出发认识中国、发展中国。立足中国脚下的土地，强调把中国视为五千年历史的连续体。增强学习历史、传承中华五千年文明的主动性。抛弃传统、丢掉根本，就等于割断了自己的精神命脉。在保证经济稳中求进的过程中，党中央更加重视精神文明建设。物质文化遗产作为历史文化的物质载体，承载灿烂文明，传承历史文化，维系民族精神，是老祖宗留下的宝贵遗产，在提升民族精神文明建设方面起到至关重要的作用。因此，各地方政府应增强利用本地区物质文化遗产传播历史文化的意识。

目前，党中央高度重视新技术对各行各业的渗透作用，强调"互联网+"战略，把新技术作为助推产业发展的新引擎。不光经济的发展，文化事业的发展也同样要与形势并行，运用数字化手段提高物质文化遗产传播的效率。在整个传播过程中，各地方政府作为传播者的一部分，要起到宣传引导的作用，利用得天独厚的传播优势，积极引导群众。政府在物质文化遗产数字化传播过程中主要在两个方面发挥传播者的作用。首先，组织传播历史文化知识的系列活动及讲座，加强群众学习历史文化知识的自觉性，增强群众提升精神文明建设的主动性；其次，加强本地区物质文化遗产的宣传，加强本地区的知名度，吸引更多的游客来本地区观光学习。

文化遗产景区的从业人员是专业化的传播组织，其中包括景区导游这一具体传播者。文化遗产景区属于公共文化事业单位组织，景区内工作的从业人员承担帮助国家宣传物质文化遗产文化价值的职责，属于官方的传播者。景区工作人员作为最接近、了解文物的传播者，是连接文物与游客的桥梁；作为国家在文化遗产事业中的官方传播者，是连接国家与群众的桥梁。他们不仅具有较高的专业知识以及职业素养，而且作为信息服务业，还大都拥有较高的发出和接受信息的专业水准。因此，文化遗产景区的从业人员是物质文化遗产传播的关键，是实现让文物说话的关键。

随着文化创意、旅游等新型产业的兴起，以及市场在资源配置中的决定作用，为静态文物向活态的文化资源转化创造了条件。这实际上就要求文物系统的工作人员成为能力全面的团队，能采用包括市场配置资源在内的多轮驱动方式促使文化遗产向文化资源转化，在这个过程中，丰富文物与民众的关联，利用各种数字化技术、市场化机制让文化遗产融入公共生活中，才能实现文物活起来乃至火起来。顺应形势的发展、人们的需求，文物景区的工作人员应利用数字化手段拉近物质文化遗产与民众的距离，积极使用数字化技术为景区的传播增添价值，增强文化内涵的传播效率，激发人们的民族自豪感和自信心。大力发展地区的、民族的和国家的传播手段，传播丰富多彩的民族文化是传播者的责任。

2. 数字化技术的研发人员

国家高度重视文物中文化内涵的传播与利用。让文物实现活起来，除了文物系统的工作人员的人际传播之外，可以利用数字化技术实现让文物自己活起来。这样，数字化技术的研发人员理应成为传播者中的一员。数字化技术的研发人员用新技术或是开发出的软件，丰富人们的生活。在物质文化遗产方面，研发人员借助增强形式提升人们的现实体验；即使人们与文物有一定的距离或是不在现场，也能以虚拟的方式展现文物的具象形态；数字化技术的研发人员还可以让人们利用实物设备，甚至是手势与那些虚拟世界互动，让文物在人们面前活起来。

增强现实技术的研发人员。研发人员把基于现实的体验由一种变量转变为另一种，从实物到非实物，从建立一种纯物理形式的体验到运用数字实体强化人们对周围世界的体验。此技术的精髓就在于：用比特增强人们的现实体验，以数码信息覆盖，增强、延展、编辑或修改人们体验到的真实世界。物质文化遗产作为文化自信的证据、国家象征物和主要的文化资源，是中华民族宝贵的精神财富。文化遗产本身所呈现给人们的是它的物理形式，之前，真正让文物活起来，把丰富的历史文化内涵传播出来，只能靠文物系统的工作人员行进的人际传播。而增强现实技术的运用，可以让实物真的从人们智能设备中活起来。增强现实技术应用到物质文化遗产的传播过程中，主要基于地点型服务，即"移动定位服务"，利用GPS定位系统感知用户所在的位置，借助一个虚拟的人物指引用户完成整个景区的观光与学习。如博物馆几十年来已经借助描述展品的声音设备增强游客的了解体验，增强现实技术可以为大众提供一种虚拟的专家，就像一个听凭差遣的馆长。只要游客在博物馆里，这位"馆长"都能随叫随到。其次是修复大众感觉，由于文物具有不可替代性、不可再生性等特征，国家对文物的保护非常重视，游客即使进入文化遗产景区，也不可能实现对文物近距离的接触与感知。研究人员目前正在继续推进这一触觉增强的研究。最新的科技进展之中就有东京大学研究室正在研究的"可触摸全息摄影"。这种技术是通过"空中超声波触觉显示"创造出让人可以触摸实物、至少能感觉到的全息图。

虚拟现实技术的研发人员。虚拟技术分为构造虚拟的世界以及复制现实世界。在物质文化遗产领域，虚拟技术运用的实质就是用数字技术复制现实，理想状态下，这种逼真性很高，人可以感到其中的技术无影无踪。物质文化遗产领域的虚拟传播无需专门虚构、发明和假象一个世界，而是塑造一个现实世界的代表，即对历史空间的再造，让用户体验他自己无法以物质方式拜访，或者无法借助实物体验的场所。利用增强虚拟的技术，可以把人们带回文物所处的历史环境中，亲身体验与感知文物所处的环境以及所蕴含的文化内涵。

虽然是利用用户手中的移动智能终端设备来实现向用户进行物质文化遗产数字化传播的过程，但研发人员是提供整套可供用户体验的设备及软件的核心，数字化技术的研发、内容的设置、数据包的收集都让数字化技术的研发与制作人员成为传播者中的一员。表面上的技术传播，背后的实质依然是人与人的传播，只是套上了技术的手段，让传播过程看起来更加新颖、更富有创造性，带给用户更多的感官体验。

（二）二次传播的传播主体

"二次传播"与"二级传播"有一些相同点，但也有不同之处。大众传播并没有直接决定选民投票意愿的力量，在他们做出投票决定的过程中，有一些对他们施加个人影响的人物，称之为"意见领袖"，这些人首先或较多地接触到大众传播信息，并把加工后的信息传播给其他人，即表现出"大众传播——意见领袖———般受众"的两级过程。而指一段信息经媒介传播被受众接受之后，它的传播过程并没有结束，它常常又转化为另一种传播方式即民间舆论形态继续传播下去，这种继续传播的过程称为"二次传播"，这个过程把信息的传播延续下去，扩大传播范围，增强传播效果。"二级传播"主要强调意见领袖的重要作用，而在物质文化遗产数字化传播过程中，只要是接触和使用过物质文化遗产数字化传播工具的受众都可以成为二次传播过程中的传播主体。

在一次传播的过程中受众分为目标受众以及潜在受众。目标受众即已经到达文物景区内准备参观的群体，他们既然是主动来到景区，便会积极了解物质文化遗产中所富含的知识与内涵，这部分受众便是主动进入到整个传播过程，并自觉地站到受传者的位置。由于这部分人主动到达景区并接受物质文化遗产数字化的传播内容，加之文化遗产的数字化传播可以让受众在虚拟展示平台中预先精心规划属于自己的最佳观察路径与视角，利用数字化传播工具定制属于自己的参观路径，在这个过程中信息较之于之前的一次传播有所改变，使得受众顺其自然地成为二次传播过程中的传播主体，利用自己的社交圈、社交媒体以及数字化传播工具的"分享"功能，实现信息共享。

而潜在受众人数众多，分布散乱，同时网络的出现，移动互联网时代的到来，信息的传播呈现出实时性、动态性、趣味性等特征，已经危及到传统文化的静态传播方式。传统的静态传播显然与国家所要求的让文物在人民群众眼中、心中活起来，发展文化遗产事业"新常态"的理念背道而驰。移动互联网的普及以及数字技术的不断发展，不仅对人们的生活方式、工作方式、交往方式进行改变，而由此形成的互联网文化对于传统文化的冲击不容小觑，人们的审美情趣发生了巨大的变化。在这种情况下，物质文化遗产数字化传播的二次传播过程利用移动互联网平台可以吸引到更多潜在受众，一次传播过程中的受众这个传播主体在一次传播结束后可以通过社交媒体把自己的数字化参观路径分享给潜在受众，实现物质文化遗产数字化传播渠道的扩大，增加传播内容与形式，从而拓宽不同区域物质文化遗产的受众范围。在移动互联网时代，二次传播更有效地抓住潜在受众，把传播效果扩大化，真正实现文物遗产传播领域的"新常态"。

二、物质文化遗产数字化传播主体的特征

物质文化遗产数字化传播主体各自拥有不同的特征，即作为一次传播主体的文物工作人员其本身具有权威性，文物系统工作人员是物质文化遗产领域的专业

人员，他们是掌握文物挖掘与保护、历史文化、文物传播等方面的知识与职业素养，物质文化遗产的传播内容首先来自文物工作人员；而同样作为一次传播主体的技术研发人员具有技术的专业性，他们是使物质文化遗产真正能够实现数字化传播的核心人物，因此他们必须拥有专业的技术水平。作为二次传播主体的用户具有多样性。物质文化遗产数字化传播所涉及到的受众面广量大，且数字化传播所拥有的个性化特点，使得在二次传播过程中传播主体的广泛多样，以及传播内容的多元。

（一）一次传播主体的专业性

1. 文物系统工作人员的权威性

文物系统的工作人员是物质文化遗产领域的专业人员，他们掌握文物挖掘与保护、历史文化、文物传播等方面的知识与职业素养。现我国为建设精神文明强国，不断提升对文物系统工作人员的准入门槛，对现有工作人员进行培训和鼓励其深造。国家文物局已经连续举办多期世界文化遗产管理机构负责人培训班，努力提高世界文化遗产管理人员的综合素质，不断提升其职业能力水平。

物质文化遗产中富含的文化从传播者传递到受众的过程中实现了文化积淀的原理。文化不仅仅是符号的积累，而更重要的是"意义"的积累，积累是传播的结果，即影响力。随着人类的一代又一代的延续，文化积累越来越深远。在这个过程中，绝不允许传播的信息有任何误差，必须由专业化的传播组织传播出供人们延续的历史文化知识。文物系统工作人员是最权威的文化遗产的信息发出者。物质文化遗产所蕴含的历史文化知识，是需要专业的考古工作者、文物系统的工作人员通过既有的知识储备进行挖掘的过程。这些知识是通过历史的记载以及对文化符号的特征加以解读所获得的，具有客观性，加之物质文化遗产的客观实在性，绝不允许在物质文化遗产的传播过程中出现符号肆意乱造。

2. 技术研发人员的专业性

文化遗产数字化传播是通过现代信息技术手段有效地收集、复原古代留下的文物和文化遗产并实现传播，涉及计算机图形学各个方面的技术。从总体上来讲，主要有五个方面的技术，即文物和文化遗址的表示模型、3D几何处理技术、可视化技术、动画与仿真技术以及三维模型内容检索技术。其中主要涉及三大技术：

（1）增强现实技术

增强现实技术是物质文化遗产传播的核心技术之一，主要是通过虚拟与现实场景相融合，进行实时交互。目前增强现实技术要利用三维注册技术才能实现虚拟与现实的结合，为了让移动智能设备达到三维注册的目的，必须借助标记图案来标记定位，将置于现实空间中的图片制作成标记图案。

（2）虚拟空间建构技术

通过虚拟空间建构技术，制作实时的、三维的虚拟环境。目前主流的三维场景建模平台主要有 3ds、max、maya 等，利用这样的软件平台，可以制作较为逼真的三维物体形象，录制相应的虚拟物体运动动画，之后便需要与模型进行实时的交互。针对不同的旅游环境和旅游行为，需要制作出不同的预设虚拟空间、虚拟交互方式和虚拟信息。

（3）地理位置定位技术

地理位置定位技术是利用各种定位手段获取经纬度坐标的技术。旅游是一种体验式活动，增强现实技术是以现实空间设计为基础，因此在数字化传播过程中地理位置信息变得格外重要。可以利用 GPS 定位或是网络定位，其精准度各有不同，但都能够提供游客较为准确的地理位置信息。其难点是将地理位置信息整合到混合空间的导航中，并通过地理信息引导旅游者的旅游路线。这些技术的实现都要靠专业的技术人员去实现。

（二）二次传播主体的多样性

在物质文化遗产数字化传播的一次传播过程中，受众是到博物馆或是文物景区中观光的游客，他们主动来到景区中最大的目的是了解景区的历史文化知识，在这个过程中自动成为受众。这些主动接受信息的受众，他们具有差异显著并且层次丰富的特征。在年龄、性别、居住环境、受教育程度、职业、经济状况、价值观念和审美情趣等方面都表现出明显的差异。不仅如此，在这些差异方面，还可以分出不同的层次。例如在年龄方面，还可以按照不同的标准分为不同的年龄段；在受教育程度方面，可以分为小学、中学和大学等学历。受众的这个特征决定他们对传播内容有多样化的要求，因此传播者在进行传播的过程中，要根据受众的差异性进行分类传播，这样才能取得良好的传播效果，而物质文化遗产数字化的传播手段正满足受众多样化的特点，为用户提供不同表现形式的传播方式，受众可以根据自己的行为习惯、兴趣偏好、个性特点等方面选择适合自己的传播方式。

同时，运用数字化技术传播文化遗产改变了原先单调的信息传播模式，使得受众的个人体验感增强，对于web2.0时代的受众更具有吸引力。web2.0时代受众更加强调自身的参与感。文化遗产的数字化传播可以让受众在虚拟展示平台中预先精心规划属于自己的最佳观察路径与视角；通过鼠标或触摸屏等设备实时控制漫游方向、调整视点，进行自主方式的现场漫游；根据自己的需要选择出发点和目的地，系统便能自动生成最短游览路径。

由于二次传播的主体是一次传播过程中的受众，在web2.0时代，社交媒体以及移动互联网的发展，激发了用户的互动性和分享意愿，为二次传播创造条件。因此一次传播过程中受众的多样性、个性化特征会延续到二次传播过程中，用户把属于自己的个性化游玩方案在互联网平台或社交圈中分享，每个用户根据自己不同的需求选择属于自己的个性化传播方式和内容，于是每个用户所传播的内容均有所不同，并且内容会涉及到景区具体的观察路径和视角，便形成二次传播中传播内容的多元化、形象化特征。

三、物质文化遗产数字化传播主体的作用

物质文化遗产数字化传播活动可以让受众增强知识教育，促使文化增值以及巩固社会教化。同时技术研发人员利用数字化技术实现了"活态文化"的传播方式，用可视或可体验的形式对其进行重构和整合，将"无形"的信息转化为"有形"的感官体验，真正实现让文物活起来，让文物自己说话。随着web2.0时代的到来，互动与分享成为当前时代下的主旋律，通过物质文化遗产数字化传播模式中所拥有的分享功能，可以实现文化遗产的"二次传播"，从而扩大其传播范围。

（一）增强物质文化遗产的社会作用

物质文化遗传数字化传播属于文化传播的范畴。文化有广义狭义之分，广义的文化是指人类在实践中所获得的物质、精神生产能力和创造的物质财富、精神财富的总和，包括人类物质文明，精神文明和制度文明；狭义的文化指人类的精神现象和精神产品。文化遗产属于物质文明的一种，但其中蕴含着丰富的精神文明。因此物质文化遗产是物质文明与精神文明的集合物。

文化需要通过传播得以延续和发展，而传播也需要文化得以丰富和生动。从狭义方面来说，文化传播主要是指传播的过程中文化发生的变化和这些变化反过来对传播的影响，从一定意义上来说，传播可以起到对人类文化行为、文化习俗的文化传承作用。物质文化遗产的传播属于广义的文化传播，传播者把文物中所蕴含的历史文化知识传达给受众，使受众产生了解本民族的历史文化知识，巩固民族的爱国主义情怀，增强民族自尊心与自信心。

移动互联网的出现、智能移动终端设备的普及、高新技术的层出不穷使得人们关注的焦点一直在向前移动，忽视了对传统文化的重视。文化是连绵不断的，是一个连续体，必须代代相传，现今的文化创新建立在对历史文化继承的基础之上。但现代化导致人们的生活方式、传播方式的改变。充分利用互联网的对话优势，提供现代化的技术支撑，传承丰富的历史文化和文化认同的物质文化遗产，才能使物质文化遗产获得更为广阔的传播空间，扩大其影响力。

1. 增强知识教育

从广义上说，传播活动本身就是一个开阔人们视野，丰富人们阅历的过程。从狭义的角度看，知识教育的作用是指信息的传播有意识、有目的地去传播科学文化知识，其中包括历史文化精髓。传播物质文化遗产的主要目的是扩大受传者的知识结构，提升人们的文化底蕴，增强个人的民族自尊心和自信心。目前，互联网的出现冲击物质文化遗产传播教育作用，新技术的出现仅是冲击传统的传播方式，并没有影响传播的目的与意义。运用数字化的手段，创新传播模式，传播者可以不断增强受众的知识教育，扩大受众面。在景区受众可以根据景区的工作人员了解、学习历史文化知识，在家中受众还可以与虚拟馆长进行传播交流与互动。

2. 促使文化增值

文化人类学家莱斯利怀特，在考察人类文化的发展进程时，看到了人类传播行为的巨大影响。人类文明成果的积累离不开世世代代的传播活动。文化不是零碎的、瞬间即逝的画面，而是一种社会沉积，沉积的时间越久远，文化越淳厚。没有历史的传播，任何文化都无法得以传承，最终走向消亡。对中国这样一个文明古国来说，没有比物质文化遗产更好的现实文化证据。文物工作者运用自己对文物的了解与自身的知识储备，把历史文化传播给受众，利用数字化手段改变传统的传播方式，使得更多枯燥的历史文化知识变得形象生动，更易于新时代受众接受并消化吸收。但文化的传承并不是一个简单机械而又僵化的传递过程，而是有所扬弃、有所借鉴、有所创造的文化增值过程。文化增值的过程一定是要建立在对传统文化的继承上，在一脉相承的过程中进行扬弃，否则文化就会断层、失根。

3. 巩固社会教化

社会化是社会沟通的直接目的，文化传播作为人的社会沟通，不仅在沟通人们的关系，更重要的是在协调和同意人们的社会行为，确定人们的行为规范，达到社会化。当代一些风俗习惯、社会规范相当一部分都是对传统文化进行扬弃的过程中形成的，甚至有一部分是传统文化继承下来的。人的社会化过程不是一次所能完成的，要通过文化传播不断地接受社会教化。文化遗产作为文化象征物和主要的文化资源，通过传播者的传授，使得人们找到文脉，形成共同意识和民族自信，增强本身具备的中国心和家乡根。

（二）探索"活态文化"的传播方式

很多文化遗产本身是一个整体，传统的传播方法是将文化遗产放在博物馆中陈列，这就使得整个传播模式相分离。物质文化遗产景区或是博物馆的工作人员，可以通过虚拟现实技术、增强现实技术和投影式技术等数字化技术，构建虚拟文化遗产的场景或是"体验式博物馆"，让受众通过手机或是之前预设的既定空间等介质进入到虚拟的文化遗产场景中畅游，全方位了解物质文化遗产的信息，实现文化遗产的整体传播效果，从而把一个完整的意义空间展现在受众的面前。

使用资料数据库和数字化展示平台让文化遗产再现风采。文化遗产具有海量的信息资料，对再现和传播的具体操作有着较高的要求，简单的数据堆积会削弱传播效果，必须在全面调查发掘的基础上，按"数字化""多媒体格式"的要求进行加工、整理、分类编码后，进行系统化的分类、编辑并存入后台数据库，便于传播。例如，数字博物馆是一种适合于文化遗产传播的数字化展示平台，它与普通博物馆不同，不仅仅是静态藏品的展示，更是将一些民间工艺品制作过程的历史演变、工艺存在的文化状态、民间艺人的档案、民间工艺的分类、民间工艺的传播方式、民间工艺品的制作工艺、民间工艺品的原材料以及民间生活方式等成千上万种文化艺术的全过程进行数字化编程后存入数据库网络。在虚拟的数字博物馆里，可以活态文化的方式展示各种文化遗产的具体内容和精髓。

利用虚拟再现技术还原文化遗产。文化遗产的虚拟再现是指运用数字摄影、三维信息获取、多媒体及虚拟现实技术等手段还原文化遗产，创设体验文化遗产的虚拟情景，从而对文化遗产进行传播。对于文化、建筑群和遗址等物质文化遗产，使用虚拟再现技术，根据现实生活中的原型，复原文化遗产的原貌，并进行多维度的展示；对物质文化遗产进行虚拟再现时，需要根据其特点，找到一种最佳的方式，用可视或可体验的形式对其进行重构和整合，将"无形"转化为"有形"。真正实现让文物活起来，让文物自己说话。

（三）实现物质文化遗产的"二次传播"

互联网的出现改变了传统的传播模式，互动与分享成为互联网时代下的社交氛围。互联网时代所呈现出来的传播模式即是以人际传播的点对点模式与大众传播的点对面模式相结合。从前所说的"专业大众媒体——个人"的垂直传播模式正演变成"专业大众媒体——个人"并以"个人——个人"为主的水平传播。在物质文化遗产的数字化传播过程中，每个人会根据个人喜好来选择接受某部分的数字化内容，更加注重受众的个人体验与参与感，除了个人与专业传播者进行交流外，个人与个人之间的分享也成为主要的传播渠道，实现"专业文物工作人员或是虚拟馆长——个人"与"个人——个人"并行的传播模式。在这样并行的传播过程中，受众实现了物质文化遗产的"二次传播"。

景区的三维虚拟展示为文化旅游爱好者提供了几种不同的虚拟漫游模式：游客可以根据自己的喜好选择最佳浏览路径与视角；游客可以根据景区预设的场景相机位置，选择特定相机实现对景区中感兴趣的文物的鉴赏；游客可以根据手中智能移动终端设备实时控制观光的方向、调整视点，进行自主方式参观景区。这些模式凸显受众的个性化特征，在整个观光体验之后，可以对自己选择的路径以及游玩规划进行分享，这样就为其他的游客提供参考，实现"二次传播"。

在 web2.0 时代，二次传播的受众除了传统的线下社交圈之外还包括线上社交圈。网络社交圈即有两个或多个具有共同认同感的网络用户，通过各种网络应用连接起来，在建立的网络群体中，每个用户的行为都有相同而明确的目标和期望，他们按照各自的需求和兴趣参与到多样化的网络社区中，依赖社群来获取信息，建立新的人际关系网络，如微信朋友圈、微博关注好友、QQ 群等。无论是网络社群还是线下传统社交圈，为了维持组织的稳定，都会具有某种共同的元素，如语言、兴趣爱好、价值观、话题、生活习惯等。于是某一用户接受物质文化遗传数字化传播内容之后，在自己的社交圈中进行传播，由于社交圈中的成员具有某种共同的兴趣爱好和价值取向等共同元素，所以二次传播的内容虽然是用户经过自己加工产生的个性化信息，但同样可以起到扩大传播范围，增强传播效果，使得二次传播更具有针对性。

第二节　物质文化遗产的数字化传播模式

传播是人类社会关系内部的一种凝聚力，是社会成员交换信息相互作用的过程，因此，传播现象、传播过程是极其复杂的。用模式化的方法来研究传播的内在结构以及构成这一结构的诸要素之间的关系，能够使复杂多变的传播结构直观而简化，能够使永无止境、循环往复的传播过程固定化、静止化，从而能够进一步认识传播的特点及规律。

一、物质文化遗产数字化传播模式的类型

模式是用图像形式对某一事项或实体进行的一种有意简化的描述。一个模式

试图表明任何结构或过程的主要组成部分以及这些部分之间的相互关系。即借助简化的形式再现传播现象，进而探讨传播效果、传播过程各要素及其相互关系。传播模式大体分为线性传播模式和网状传播模式。物质文化遗产的数字化传播过程由于数字化技术的增加，使得传统"文物工作人员——游客"的线性传播模式发生改变，传播过程更具多样性与复杂性。根据使用数字化技术的不同，可以将物质文化遗产数字化传播模式分为三种类型，即移动终端设备传播模式、可穿戴设备传播模式、投影式显示设备传播模式。对物质文化遗产数字化传播模式的分析，有助于更好理解数字化的传播过程和传播过程中文物与技术、技术与受众和受众与受众要素之间的关系，为之后传播效果分析打下基础。

（一）移动终端设备传播模式

数字化传播时代，信息的传播是呈网状型的路径。在网络空间内进行的信息传播是一个高度开放的空间，它有别于传统的信息传播空间，在网络空间内，传播者以及受众是不区分国家、民族以及信仰的，所有人都有权利进入到网络空间中，进行自由选择接收的信息、自由传播信息，而且所有的网络信息用户拥有丰富的网络信息资源。因此，传统的把传播者当作"把关人"的理念在网络时代已经不复存在。网络空间中的用户不仅可以主动选择接收和传播的信息，更为重要的是可以积极地发布信息和意见，用户间产生互动传播，通过这个传播过程，参与的用户可以一起创造和分享信息。

物质文化遗产数字化传播的移动终端设备传播模式是发生在 App 软件内的传播模式。景区工作人员为整个 App 软件提供强大的文物数据库；技术研发人员为整个 App 软件的运行提供技术支撑；用户通过二维码或者景区预先设置的定点扫描进入到软件中。在整个传播过程中，主要分为两大传播活动，即用户提供自己的个人需求或信息（主要是地理位置），系统自动为用户挑选合适的游览路线以及配套服务，用户根据自己的需求及时进行反馈，在这个过程中，用户与软件系统进行实时互动。同时，用户通过发布信息与意见，使得用户与用户之间产生互动传播，在这个过程中，用户间可以创造与分享信息，从而实现信息的"二次传播"。

移动终端传播模式的设计前提就是要明确用户的需求，而这些需求表现在传播过程中是"点"的存在，技术研发人员通过数字化技术把这些需求点转化成APP软件中的功能点，即软件中的功能设置。物质文化遗产景区中，用户的需求可以分为：路线规划、景点介绍、数字化知识传播以及景区配套服务。散落的"点"需要用"线"来贯穿。具体就是，用户通过相关信息提供以及系统自动定位，把用户的需求收集到系统后台，系统自动匹配出能使用的导览路径和配套服务，用户再通过反馈与系统实时进行互动，以便更好的实现需求。在这个交互的过程中，对功能系统和信息架构进行串联，实现了信息双向互动的线性传播。数字化的传播更要重视用户与用户之间的分享，以从"线"实现到"面"的转化。用户通过创新与分享的功能，把一个个线性的传播模式联系在一起，组成网状的传播模式。

（二）可穿戴设备传播模式

可穿戴设备传播模式，主要运用虚拟现实的智能头盔显示器，如Oculus推出的虚拟现实眼镜Rift，微软研究出了集虚拟现实和增强现实于一体的"混合现实"微软全息眼镜。虚拟现实头盔是一种利用头盔显示器将人对外界的视觉、听觉封闭，引导用户产生一种身在虚拟环境中的感觉。虚拟现实头盔不能单独使用，要配合3D虚拟现实场景使用。游客通过佩戴的VR头盔，进入到文物工作人员和技术研发人员共同搭建起的虚拟场景空间中，游客就在虚拟的场景中漫游，身临其境地感受文物所在的历史环境以及文化氛围。

游客进入到虚拟场景中，便开始了线性的传播模式。在线性传播方式中，传播者天然地处于信息的"把关人"的角色，成为信息的制作者和过滤器，左右着信息的去留详略。而处于信息传播终端的受众无法自主选择所接受的信息资源，被置于被动的信息接受地位。三维虚拟场景空间是文物工作人员和技术研发人员共同打造的空间，它是预先设定好的场景和内容。因此，用户进入到虚拟场景中所接收到的信息是固定的，不存在选择的空间。这个传播过程是单向传播模式，用户所做的就是利用虚拟现实头盔进入到预先设定好的虚拟场景中即可，随后便开始了三维动态的信息接收过程。整个过程以体验和接收为主，不存在用户主动的行为。

但目前，微软公司已经研发出利用摄像头捕捉用户的脸部，把带有用户脸部特征的人物穿插到历史故事中，通过后台系统制作出用户的二维个人历史动画小短片。在这个过程中，用户的自主参与性得到了提升，用户可以自主选择自己的历史角色、衣服以及故事场景。后台系统制作出个人的二维历史动画短片之后，用户可以通过分享视频或是链接的方式，把这段视频分享在社交网站中，用户与用户、用户与潜在受众之间的互动性增强。这个制作与传播的过程加入到物质文化遗产可穿戴设备的传播模式中，不仅从单向线性传播模式转变成网状传播模式，增加受传者的主动性以及互动性，而且可以通过趣味性的特点吸引到更多的用户，实现信息的"二次传播"，扩大受众面。

（三）投影式显示设备传播模式

投影式显示设备的传播模式相对比较简单，基本上是线性的传播模式。文物工作人员给固定的二维画面填充历史文化知识和环境背景，技术研发人员通过3D建模和投影技术，把二维画面用三维动态图像展现出来，真正让文物活起来，实现文物的活态传播模式。在这种传播模式中，主要运用增强现实技术实现三维动画与实物的融合，用3D建模来增强用户的现实体验。游客只需要走到预先设定好的场景区域，便可立即加入到整个传播过程中。投影技术使得用户和三维动画融为一体，用户仿佛身临其境，进入到了历史的长河中。

最典型的例子就是清明上河图，通过对清明上河图中故事和环境的3D建模，制作成三维动画模式，利用投影技术，游客走到清明上河图的长廊内，便觉得清明上河图中的二维图像活了起来，自己仿佛是走在当时那个环境中的人物，增加游客的体验感。

投影式传播模式是典型的单向线性传播模式。游客只需要走到技术研发人员预先设定好的增强现实场景空间内，整个传播过程便开始了。游客需要做的就是在场景空间内自由的行走，感受虚拟动画环境所带来的体验感。在整个传播过程中，用户只是被动地接受信息，无需自主选择或是传播信息。在整个传播过程结束之后，用户与用户、用户与潜在受众之间便产生传播过程，他们之间会针对体验所得的感受进行交流、分享，在交流与分享的过程中实现信息的"二次传播"。整个传播过程虽然是简单的单向线性模式，但是借助于增强现实技术，让用户体验到自己无法实地拜访，或者无法借助实物体验的场所。这种模式最适合利用到物质文化遗产的传播过程中，把枯燥的文字介绍、二维图片转换成三维动画模式，再与原本现实世界的场所、人物进行融合，将时间、灯光、角度和像素融合在一起，让它变成一种吸引人的混合体，更利于文物历史知识的传播与接受。

二、物质文化遗产数字化传播模式的特征

物质文化遗产的传播利用数字化的技术手段，可以改变传统枯燥、简单的文字模式，充分填充内容的多样性以及全面性，用文化活态的方式展示和传播各种文化遗产所富含的内容以及精髓。趣味性、个性化的传播内容可以调动受众参与的主动性，可以吸引到更多的受众，而且受众利用分享的功能，实现信息的二次或是多次传播，使得信息在传播过程中不断增值、传播效果也随之增强。

（一）传播内容的全面性

传播的内容就是信息，信息分为哲学范畴的定义和行为科学范畴的定义，而文化遗产的信息更多指的是行为科学范畴的定义，即信息可以减少或是消除不确定性事物的运动状态和形式的反应，它的存在要素有：信源、信道和信宿。文化遗产内的信息更多的是指第二层次的定义，文化遗产中的信息是需要文物工作人员通过大量的史实以及考证得来的，必须是要被文物工作人员所认识验证过的信息才能传达给受众。其传递信息的主要目的是起到启发与教育的作用，让每个人学习历史，以国为荣、以史为誉，并不断传承下去，信息必不可少要经得起推敲检验，所以必须是被文物工作人员准确认定的客观信息。

每一件文化遗产都具有丰富的信息内涵，而注意力成为稀缺资源、抢夺的焦点。在丰富的信息内涵与稀缺的注意力产生矛盾的时候，简单的信息堆积、枯燥的文字简介会使得受众产生不耐烦的心理状态，整个传播过程很可能终结。利用数字化、3D建模技术把文物中丰富的信息内涵进行加工、整理、分类编码，进行系统化的分类、编辑并存入数据库中，再利用定位系统或是虚拟场景的搭建，

随时可以调取后台系统中的数据。在文化遗产传播的数字化展示平台中，传播的不仅仅是静态的文物，更多的是文物所处的历史环境、演变过程、文化状态以及当时的生活方式等等，这些信息都是在虚拟场景的搭建中实现的。

（二）传播形式的场景性

传统的物质文化遗产是以实物的形式呈现在受众的眼前，如果受众想去了解每件文物背后的故事，就需要导游的介绍或是看展区的纸质展牌上面的介绍。这个过程仅仅是一个信息输入的过程，需要受众通过获取到的信息，在自己的头脑中构建出场景，以便于自己更好的去理解。

而数字化技术与物质文化遗产结合之后，就可以利用数字化技术把枯燥的文字转换成为虚拟场景，让受众走进虚拟的场景中，回到过去，去了解物质文化遗产所处的时代背景。利用手机 App、虚拟现实眼镜或是投影设备，构建出虚拟场景，受众只需要通过工具进入到预设的场景中，一种身临其境的感觉就会出现。不同于传统的文字或是语音介绍的方式，数字化技术实现了影像与音频介绍的统一，让受众回到文物之前所处的环境中，去全方位的了解文物。

数字化技术的一大特点就是利用计算机技术、图像技术、三维立体技术等构建出虚拟的场景空间，把那些历史场景通过数字化技术进行复原，这一技术很好地符合了物质文化遗产的历史性。由于物质文化遗产是实物性的，它的出现与存在都有一定的环境可以去追溯，所以利用数字化技术进行场景复原，让受众走入预先设定好的虚拟场景中，在这个场景中畅游去了解文物，在潜移默化中接受文物的信息。而且针对那些书法绘画作品，利用投影设备，把二维的书画变成可以运动、立体式的三维动画，在这个过程中，场景性更加明显，受众完全可以走入到画中，去了解画中的生活场景，生动且形象。

（三）受众参与的主动性

受众作为接受传播者发出信息的一方，处于关键位置，整个传播过程的实现是为了使信息能够从传播者传送到受众。受众在接受信息时有自己的选择，他们之间差别显著、层次丰富；他们接受信息时的目的多样、动机复杂，这些都说明受众在接受信息时会存在自己的选择，按照美国社会学家拉扎斯菲尔德等人的观点，实际上是一个使用（选择）—满足的过程。

在文化遗产传播领域同样如此，受众会根据自己的个人喜好、生活环境等因素来决定要不要主动去接受这些信息。伴随着互联网、移动互联网和移动智能终端设备一路成长起来的青少年，由于习惯接受动态性、趣味性和体验性较强的信息内容，传统的文字或二维图片介绍显然已经不能满足受众的需要。因此，利用数字化、3D建模和动画仿真以及增强现实技术等实现文化遗产的活态传播方式，让文物自己活起来，增加信息的趣味性、内容的动态性以及受众的体验感，这样受众的主动参与感增强，便积极主动地参与到整个传播过程中，真正做到提升每一个公民学习历史文化知识的主动性，树立民族自尊心与自信心。

从传播模式的角度来看，数字化的传播模式加入了受众的参与感与选择性。受众可以在预设的几种数字化传播工具中选择适合自己的传播方式或在具体的传播过程中选择相应的内容。尤其是移动终端设备传播模式，App软件根据用户信息来设计属于用户个人的路线规划、LBS服务，用户也可以根据自己的需要，通过移动终端设备软件实时控制游览方向、调整视点，进行自主的方式在虚拟与现实融合的场景中漫游。在可穿戴设备传播模式中，虽然用户进入特定的虚拟空间内便开始了线性的传播模式，用户只需要接受所呈现出来的信息即可，但在搭建的虚拟历史场景中漫游之后，用户可以根据自己的个人喜好参与到个人历史短片的制作中，在这个过程中，受众的自主性和参与感增强。

（四）信息传播的增值性

信息一旦生成、传播出去，就可为众多的人所接收、占有和享用，信息本身的"质量"和效用不受影响，传播者也未失去对原有信息的占有和享用。信息共享的人数同信息传播的效果成正比。受众在共享的过程中，实现信息的二次传播，扩大其影响力以及传播效果。

在物质文化遗传数字化传播的三种模式中，均有用户与用户、用户与潜在受众之间的分享以及交流，尤其是第二种模式，用户可根据自己的喜好和选择制作出属于自己的个人历史小短片，把链接分享到社交媒体中，这样就会吸引到更多的用户，从而扩大其传播的范围。在 Web2.0 时代，分享成为内容生产的动力，社交网络为内容的传播提供渠道。Web2.0 时代的社交媒体更多的充当中介的作用，如微信、微博，这些社交媒体不仅仅是为用户提供信息，更多地是用户可以创造内容、分享内容、消费内容。社交媒体为大众共同创造、传播和分享文化提供平台。因此，在移动设备以及穿戴设备的传播模式中，都为用户提供了分享的功能，用户可以把自己的个性化游览路线或是个人历史小短片分享到社交平台中，利用个性化、趣味性的信息内容，把更多的受众吸引到物质文化遗传数字化传播的过程中。

用户进入到预先设定好的数字化传播场景中，便开始线性传播模式，在这个过程中用户即使有选择的权利，也是在技术研发人员预先设定好的范围内进行选择，创造出属于自己的个性化方案。在整个线性传播模式结束后，用户通过分享的功能，作为传播者把信息传播出去。这个过程便把单个用户联系在一起，汇成网状传播模式。用户之间信息的分享与交流是针对先前线性传播内容所进行的，因此，分享之后信息的流通也是针对之前线性传播的内容。整个数字化传播过程，无形中使信息出现二次或多次传播，在传播过程中不断增值、传播效果不断增强、用户的使用面不断扩大。

三、物质文化遗产数字化传播模式的构建

物质文化遗产数字化传播模式的构成主要有：硬件设备、文物工作人员、技术研发人员、数据库以及用户。三种传播模式都是根据"点—线—面"来设置以及运作，即从需求分析到功能架构，从功能架构到交互流程，从线性流通到网状互动。

（一）物质文化遗产数字化传播模式的构成要素

1. 硬件设备

三种传播模式的传播主体都是建立在硬件设备技术基础上，即移动终端设备、可穿戴设备、3D 虚拟动画投影互动设备。通过这些硬件设备，数字化的传播模式才能得以实现。移动终端设备主要是指可以在移动中使用的计算机设备，

广义的讲包括手机、笔记本、平板电脑甚至包括车载电脑。但大部分情况下是指手机或者具有多种应用功能的智能手机以及平板电脑。虚拟投影互动设备是采用先进的计算机视觉技术和投影显示技术来营造一种奇幻动感的交互体验，用户可以直接使用双脚或双手与普通投影幕上的虚拟场景进行交互，让用户进入一种虚实融合、亦真亦幻的奇妙世界。

2. 文物工作人员

文物工作人员是整个传播过程中的信源，经过考究过的信息通过文物工作者传播出去。文物工作人员是文化遗产领域职业的传播者，他们拥有深厚的历史文化知识，近距离接触文物，通过大量的历史资料挖掘文物中历史文化内涵。文物工作人员在整个传播过程中不断对未验证的信息进行考究，一旦信息被文物工作人员验证之后，便会转化为符号传播出去。

3. 技术研发人员

技术研发人员是数字化传播的关键，没有技术支撑，信息不可能通过数字化的形式展现出来。通过技术手段，技术人员把枯燥的文字和固定的二维画面转化成为动态的三维视频，真正实现让文物活起来，实现活态传播。同时，在整个数字化的传播模式中，技术人员通过对用户需求点的解读，把需求点通过技术的形式为用户提供服务。

4. 数据库

数据库是由文物工作人员所提供，由技术研发人员用数字化的形式存储在后台系统中的信息汇成。主要包括文物的历史演变过程、制作工艺、历史文化背景以及生活方式等千万种文化艺术的全过程，通过数字化编程后存入数据库。用户在进行数字化传播的过程中，系统可根据用户的个人需求及时调取后台数据包，为用户提供传播内容。

5. 用户

用户是信息接受者，也是传播活动的目的。文化遗产数字化传播的过程中，用户需要进入到文物工作人员与技术研发人员预先设定的传播空间中，通过硬件设备对数字化信息进行感知。由于用户的知识储备、文化背景、价值观等等存在差异，用户可以自主选择接受数字化信息的形式以及内容，定制属于自己的个人传播方案。

（二）物质文化遗产数字化传播模式的运行机制

虽然根据数字化技术的不同将物质文化遗产数字化传播分成移动终端设备传播模式、可穿戴设备传播模式以及投影式显示设备传播模式，但这三种模式本身的运行机制存在一定的相通性，三种传播模式都是按照"点—线—面"的互动关系将 5 种元素进行串联，实现 5 种元素之间相互影响、相互作用。

1. "点"的设计：从需求分析到功能架构

web2.0 时代，用户主体地位得到空前释放，各种技术、工具的出现都是以满足用户需求为出发点。这些需求在技术人员的功能设计上最先呈现的是"点"状的零散状态。用户通过二维码扫描、穿戴上虚拟现实头盔或是进入投影场景中，用户可以根据自己的需求自主选择路线、虚拟导游人物或是相关配套服务。在用户完成一个个具体功能点时，是满足用户基本需求与附加需求的过程。移动设备数字化传播模式，把二维码扫描作为用户需求信息的输入方式，用户只要通过扫描景区内实时出现的二维码就可下载安装 App 软件，后台便可获取用户的个人信息，根据用户的相关需求设置对应服务。可穿戴设备以及投影系统传播模式相对较为便捷，用户进入到预先设定的场景中，便开始了这片场景的需求与附加服务。

2. "线"的串联：从功能架构到交互流程

信息流通是线性的交互过程，将功能系统和信息架构进行串联，然后让用户去接受，这个过程便实现信息的流通。移动设备数字化传播模式是通过定位系统或是用户的个人信息进行路线规划和导览，如果用户对规划路线满意并进入此接受服务的话，便开始了信息线性流动过程，在这个过程中用户可以根据自己的喜好随时对路线、游览视角进行实时调整。可穿戴设备以及投影系统的用户需求选择性是在进入到预先设定场景之前进行的，用户根据自己的喜好选择进入不同虚拟场景中，在虚拟场景中信息的线性传播便开始，用户只需要进行亲身体验、信息获取，真正实现信息的线性流通过程。信息的线性流动才是整个传播模式的关键，整个传播模式搭建的目的就是把信息通过数字化的手段传播给受众。

3. "面"的构建：从线性流通到网状互动

在移动互联网、社交平台的日益发展成熟，"分享"成为web2.0时代网络社交的主要氛围，人们可以在社交平台中分享信息供其他用户了解、接收，实现信息的"二次传播"。在文化遗产数字化传播过程中，"分享"能够把传统线性传播模式转化成为网状传播模式，在用户之间建立联系，使得用户与用户之间的联系更加紧密。移动设备传播模式中，用户通过分享个人游览路线把单个用户的线性传播模式连接成网状传播模式，用户与用户之间互相分享的过程中实现信息的"二次传播"。可穿戴设备传播模式虽然在传播过程中没有能够分享的功能，但整个线性传播过程结束后，用户可以根据自己的喜好制作属于个人的历史短片，在社交平台中分享，利用互动性、趣味性吸引到更多的用户，从而扩大受众面，增强传播效果。

第三节 物质文化遗产的数字化传播效果

一、物质文化遗产数字化传播效果的内涵

所谓传播效果，依据传统的传者中心说，是指传者发出的讯息，通过一定的媒介渠道到达受众后，所引起受者的思想和行为的变化。实际上，传授双方是处在讯息传递、接受、反馈的互动关系里，不仅受者的思想与行为，而且传者，乃至社会都会发生变化。另外，受传双方所从属的集体也可能或快或慢地产生大小不一的变化。

（一）受众的有效接受程度

早期传播效果研究认为，传播效果体现在3个方面，并且存在两种发生和发展程序：第一种是在受者对传播内容兴趣浓厚和十分关注的情况下发生的，传播效果经历了从认知——态度——行为的过程。第二种是受者在对传播内容漫不经

心的情况下产生的，这时，行为与态度差不多共生共存了。

　　从第一种发展过程来看，受众是主动的接受者。他们来到景区积极主动地去了解文物的历史文化内涵，由于他们对待文物知识积极主动的接收态度，使得信息在他们身上会产生明显传播效果，甚至影响到他们的行为。传统的物质文化遗产传播对于这部分人来说一样会产生相应的传播效果，但数字化的传播模式给予受传者更多的体验感和趣味性，整个传播模式增强受众的自主选择性，对信息的接收方面起到了更大的效果，激发受传者对于传播内容浓厚的兴趣。第二种发展过程是针对潜在受众来说的，他们对于文化遗产信息不感兴趣或是处于被动位置，传统的文化遗产传播对于潜在受众来说并没有多少的吸引力，如果强制他们去接收这些信息反正会产生厌烦情绪，更不利于产生有效的传播效果。态度是心理和生理诸因素综合而成的感情状态，是在对经验和外在对象的感知、理解和解释中形成和确立的，是一种以意志为支撑，由认知所规范的持续不断的感情倾向，它构成人们行为的动力之一。用户使用数字化的传播方式并把自己的个性化信息分享到社交平台中，潜在受众不经意间可以接触到传播内容，利用数字化、个性化和趣味性吸引潜在受众成为用户，转变潜在受众对传统枯燥文字的刻板印象以及接受态度，增强受众对文化遗产数字化传播信息的好奇感与关注度，用态度来改变行动，积极主动进入到物质文化遗产数字化传播的模式中。另外，态度具有持续性，态度跟外在对象经验交往中形成了稳定的内在结构，同时跟个人的社会属性、生存环境、文化心理结构紧密联系。数字化传播方式可以一改传统枯燥文字或二维图片的传统模式，在整个社会氛围中营造一种文物的活态传播模式，让文物自己会说话，从而改变对文化遗产知识的接受态度，从而影响潜在受众积极主动地加入数字化传播模式中。

　　由于环境的改变或新信息引起的迷茫以及更充分更可靠的新知识产生，这些条件有可能导致态度的改变。人们对于新技术有天生的求知欲望，希望可以亲身感受和体验。文化遗产传播加入数字化手段，可以吸引受众的求知欲，带着好奇心进入传播模式中，在感受新技术带来的奇幻空间中，潜移默化地吸收文物的历史文化内涵。

　　另一方面，在物质文化遗产数字化传播的过程中，受众拥有自己的选择权，可以根据自己的喜好选择导览路线、观景视角以及虚拟导游等等，他们可以有目的地选择所传播的内容，以满足自己的某些求知需求。随着移动互联网、社交平台的发展，受众不再是被动接受信息的"靶子"，主动性得到空前释放。受众众多，差异明显、层次不同，传统的文字或是图片固态传播方式弊端已经凸显，受众根据自己的个人喜好相对自主选择自己个性化的信息接收模式。在传播效果研究领域即为使用与满足理论，虽然受众的分类相对复杂，简单的分类方式必然无法满足具体个人，并且传播者依然居于更加有利、更加活跃、更加有力的地位，受众的选择权是在传播者预先设定的范围内进行的。但能够根据角色进行大体分类，在预先设定的范围内给予受众更多选择权，以满足他们自身的需求，在一定程度上可扩大传播范围，增强传播效果。

（二）传播者的意图实现程度

党提出"道路自信、理论自信、制度自信和文化自信"，并强调最基础、最广泛、最深厚的是文化自信。只有在心理上以国为荣、以史为誉，才可能不为谣言所惑、不为困难所撼。但文化自信需要依据，这个依据必须有广泛的社会认同和崇高的精神价值。让历史告诉未来，中国民族的伟大复兴梦完全可以建立在文化遗产事业提供的文化自信上。通过建设文化遗产强国，不仅要使文化遗产成为国家象征物和主要的文化资源，也要使千家万户都能在新型城镇化中找到文脉，形成共同意识和家乡亲情，具备中国心和家乡根。文化遗产的工作人员作为传播者，利用自己深厚的知识储备充分挖掘文物内在信息，实现让文物说话，把历史文化智慧告诉受众，在全社会营造一种积极学习历史文化知识的良好氛围，帮助人们树立民族自豪感和自信心，这是文物工作人员作为传播者在整个传播过程中所要达到的目的。

技术研发人员作为传播者，把数字化传播模式变为现实。利用多种数字化技术与文化遗产信息整合在一起，在不动用物质文化遗产实物的情况下，使得传播信息变得更为便利与充分，打破了传播模式的局限性，即特定的时间、特定的导游等，最大限度地利用和分享物质文化遗产内在的信息量，满足受众多方位的信息需求。因此物质文化遗产的信息与数字化技术相结合已然成为当前形势下最适合物质文化遗产传播的一种全新方式。对文物、建筑群和遗址等物质文化遗产，使用虚拟再现技术，根据现实生活中的原型，复原文化遗产的样貌，并进行多维度的展示，从而实现对文化遗产的数字化传播，真正实现让文物活起来，实现活态传播，吸引更多的受众，尤其是青年受众加入到整个传播过程中，运用先进的数字化技术，体验虚拟空间所带来的复原场景的同时，接收整个传播过程中的符号或信息，学习文化遗产背后丰富的历史文化知识。技术研发人员运用数字化的传播手段，可以一改之前枯燥乏味的单向传播模式，真正让受众实现在趣味性和个性化的环境中接收信息。

二、物质文化遗产数字化传播效果的表现

数字化传播方式摆脱掉时间、空间的限制，把文物中所蕴含的历史文化背景、知识以及演变过程全部展现出来，从而降低对受众知识储备的要求，减少受众接受信息时的"知识沟"，从而缩小受众在物质文化遗产数字化传播过程中的"传播效果沟"。把数字化技术与文化遗产的传播结合起来，使得文化遗产的传播抓住时机，赢得受众的关注与使用。物质文化遗产数字化传播是双向性的过程，信息的传递对受众产生传播效果，受众对于传播模式的接受程度、信息的反馈等，使得反馈信息从受众传递到传播者的过程中产生传播效果，其传播效果实现"双向性"。

（一）受众之间"知识沟"的缩小

"知识沟"是大众传播效果研究的背景下提出的概念。随着大众媒介对社会传播的信息日益增多，社会经济地位较高的人将比社会经济地位较低的人以更快的速度获取这类信息，因此，这两类人之间的知识沟将呈扩大而非缩小之势。这一"知识沟"假设并不认为，低阶层人群完全得不到信息，而是认为知识的增长在高阶层人群中相对较快。最初的知识沟假说认为，社会经济地位较高的人他们更具有较高的知识水平和传播能力，在社会中具有更多的关系网和人际传播活动。后来美国传播学者蒂奇纳等人在不断的研究中发现，"知识沟"是可以被填补的，而在填补的过程中兴趣爱好被证实为一项关键因素，如果对于传播内容或

是传播方式具有极大的兴趣，那么信息的传播就会有助于"知识沟"的填补。同时，在传播中产生的效果差距不仅是体现在知识上的差距，而且还表现在态度、行为以及情感等方面。

在我国物质文化遗产传播过程中，受众群体具有分布广泛、异质性较强的特点。由于我国幅员辽阔，民族众多，各项资源或指标水平分布不均，受众群体差异与个体差异较大，不同受众之间对各种物质文化遗产讯息的认知与接受表现出明显的层次差距，拉开了物质文化遗产"传播效果沟"。从"受众—效果"式的"传播效果沟"分析，由于身份、学识、兴趣等方面存在明显差异，物质文化遗产的传播对受众产生截然不同的效果。同时受众存在异质性可以按照不同指标分为不同的集合，物质文化遗产传播对不同受众的作用与影响就会出现差距。例如，根据文化水平的高低，受众形成文化圈内不同群体间的文化分层，文化层次较高的群体容易接收外来文化，文化层次较低的群体对外来信息反映迟钝。

物质文化遗产传播由于受空间、时间、人力等方面的限制，其传播模式只能用文字或是图片的形式传达，对受众的学识有一定的要求，要求受众具有一定的知识储备，以便在传播过程中更有利于其接受所传达的讯息。这在一定程度上限制了受众的范围，对于历史文化知识储备较低的受众便产生了抵触情绪，加之传统传播模式毫无趣味性可言，导致受众之间"知识沟"不断扩大。数字化手段运用到文化遗产的传播过程中，打破了之前枯燥乏味的传播模式，用趣味性吸引受众，用轻松易懂的动态场景向受众们展现文物所处的历史环境，以故事的形式为受众灌输信息，这对于受众的知识储备要求很低，从而使信息能够在群体中均衡分布。

（二）传播者的广泛应用与推广

传播者作为信息的制造者与传播者，影响着整个传播过程的产生与目的，整个传播过程的发生必然对受传者产生一定影响。文物工作人员作为文化遗产方面最权威的传播者，技术研发人员作为新科技领域领先的人才，两者作为传播者通过在景区的广泛应用与推广，扩大受众范围，使其在受众中产生一定影响，从而实现其传播效果，同时，通过受众的"二次传播"可以进一步扩大其传播范围和传播效果。

"强大效果论"中强调：在社会环境中，如果能够顺应事态的发展和公众的需求，能够控制局面，引导受众的从感知到行为，能够掌握当下的传播理论规则，有目的的规划传播行动，并对相关信息进行反复传播，在满足这些条件之下，大众传媒就可以产生强大的效果。当前，我国保持经济平稳快速发展的同时，国家更加注重软实力的建设，更加注重每个公民增强民族文化底蕴，树立民族自尊心和自信心，在这个过程中，就需要以史为据，文物工作人员传播文化遗产中所富含的历史文化知识显得尤为重要，符合形势所需。当前是技术快速发展的阶段，每个技术更新换代的间隔越来越短，人们追求新技术也成为当下的趋势，于是把数字化技术与文化遗产的传播结合起来，使得文化遗产的传播抓住时机，赢得受众的关注与使用。因此，在当前形势下，传播者积极主动地在景区应用与推广物质文化遗产数字化传播模式，这必然会产生相对强大的传播效果。

（三）传播效果由"单向性"变为"双向性"

谈判效果论指在传受双方互动的意象建构过程中，大众传媒产生其效果。实际上，在时代精神、社会集体意识、具体的社会环境、特定的社会利益团体的深刻制约下，一方面大众传媒通过按计划、有秩序地建构关于现实的意象，并且系统地向受众传播；另一方面受众在接受和应对大众传媒所传递的意象世界的过程中，建构自己的景象和见解。在这双向交流中，传受双方凭借各自所处的地位、所拥有的权利以及利益和兴趣，互相应接，彼此影响。

批判效果理论认为：大众传媒在传播的过程中不仅仅是受到传播者的引导，而且会受到受众的影响，传授双方在双向互动的过程中共同构建出传播内容的深刻意义。大众传播效果之产生、变化及其程度和特征，取决于传授双方在具体的社会、历史、文化环境内的批判与批评关系。即从传受双方的互动关系中研究传播效果，并且逐步发展到在历史变化、社会结构、利益集团、权利关系、社会意识形态、集体意识、文化传统等环境内，考察传受双方以及传媒与社会之间的互动关系。

物质文化遗产数字化传播模式中加入了反馈与分享的功能，在这个功能中受众可以把自己的传播感受反馈给传播者或是在用户之间进行分享，传播者可以根据受众的反馈与大数据的收集进行合理调整，做到传播效果的双向流通，在整个传播过程中，不仅仅是从传播者到受众产生传播效果，反过来从受众到传播者也产生了传播效果，有利于指导和改进之后的传播工作。

对大数据的关注很多集中于海量的数据被堆积到可以触碰云层的高度，但目前对大数据的运用，关注点并不在大数据的"大"上，而是如何在大数据的背景下，收集到小数据并使得我们变得更聪明。目前，大数据的概念及其价值已经更多的被互联网行业以及企业的营销部门所关注以及运用，但事实上，各行各业都将受到大数据时代的巨大冲击，而且，随着Web2.0时代的到来，不仅是商品市场由"卖方市场"向"买方市场"过渡，信息服务业也在由大众传媒的单向传播向用户自主选择、自主创造的模式转变。随着移动互联网、手机等新媒体的出现，信息获取的便利性提高，随之信息的杂乱无章也表现得相当明显，但个性化搜索工具的出现以及大数据时代信息的大量存储、运用的边际成本趋于零的趋势，使得传统媒体在信息传播中的独霸地位正逐渐缩小，目前，更多的用户会按照自己的兴趣、习惯、喜好等因素来自主选择自己所愿意接受的信息。

因此，在文化遗产的数字化传播过程中，传播者要合理利用受众留下的操作数据和反馈信息，对数据进行分析整理，发掘出数据背后的行为习惯以及大多数诉求，以便更好地指导和调整之后的传播活动，做到从满足用户需求的角度出发来设计和调整传播模式，更好地服务于受众，从而扩大其传播效果。在这个双向互动的过程中，不仅是信息的传递对受众产生传播效果，受众对于传播模式的接受程度、信息的反馈等，同样使得反馈信息从受众传递到传播者的过程中产生传播效果，其传播效果实现"双向性"。

三、物质文化遗产数字化传播效果的评价

对于其传播效果的评估运用实证主义的统计分析方法，以社交媒体和问卷为数据收集的平台，构建物质文化遗产数字化传播的评估模型，罗列其中的评价指标，根据收集到的数据，运用模糊综合评价法和熵权法评估物质文化遗产数字化传播的传播效果。

（一）传播效果的评价作用

数字化技术作为新兴的信息技术，与物质文化遗产相融合以实现物质文化遗产信息传播的便利化以及传播效果的增加。传统的传播领域，一种新技术的广泛应用与传播信息，需要几十甚至上百年的积累与推广。当今，一些新技术从诞生到家喻户晓，可能也就是短短十几年甚至十几个月的时间。其原因可能是：一是站在数字化、信息化的风口上，其便利性、互动性以及趣味性等各种优势，推动了人们对新技术的采用，以及对其信息内容的亲近好感和进一步认可接受；二是基于数字化技术来传播物质文化遗产的内涵，可以充分利用数字化提升物质文化遗产的知名度、美誉度。因此，物质文化遗产数字化传播正在探索着一条不同于传统传播方式的形象建设和传播之路。

传播效果在传播学研究中占有极其重要的地位。在传播理论研究中，传播效果被定义为传播出去的信息受到关注后，人们的某种行为发生改变。传播效果的分析主要从认知、态度、行为三个方面展开。

通过对认知、态度、行为三个方面的效果进行分析，可以充分了解传播过程在这些方面所达到的效果，对后期传播策略的调整起到指导作用，成为指导后期传播工作展开的有利依据。目前物质文化遗产数字化传播还处于探索的阶段，一开始的传播模式在运行一段时间后，其中存在不成熟甚至不合理的部分必然会显现出来，那么这个时候进行的传播效果就显得尤为重要。可以用传播效果评价的结果去指导后期传播模式的调整，在这个过程中就需要对之前所产生的传播效果根据评价模型和评价方法进行分析与评价，能够发掘其中的不足之处，从而指导后期的工作。同时，对效果传播进行分析能够充分了解受众的喜好以及需求，为后来传播效果的进一步提升打下基础。传播行为的发生其目的就是为了使其信息能够让受众所接收，从而产生传播效果。因此传播效果是最为有效的验证传播行为是否被受众所接收的方法，从传播效果中可以看到受众在认知、态度、行为这三个方面的具体反应以及其内含的喜好、需求，这些信息对于后期传播活动的开展以及传播模式的调整都是宝贵的依据。

（二）传播效果的评价方法

认知、态度、行为构成了整个物质文化遗产数字化传播效果评价的核心要素。因此，其评价方法即以物质文化遗产数字化传播的受众对其数字化传播信息的认知、态度、行为的评价为目标，同时兼顾大数据环境下评价的可操作性，并设计物质文化遗产数字化传播效果评价指标体系。

1. 建立评估模式

构建物质文化遗产数字化传播效果评价模型在传播效果评价过程中是最为关键的一环。目前，国内外的一些学者已经从各个方面对传播效果模型进行了搭建，并且就可能对传播效果评价产生影响的结构变量进行了分析。但这并不意味着，物质文化遗产数字化传播效果评价可以直接套上这些模式。物质文化遗产数字化传播效果评价体系的构建，应当充分考虑数字化传播的特点、受众对于数字化技术的态度以及数字化与物质文化遗产结合等多方面特征。评估模型的建立，需要结合传播理论相关知识，把握物质文化遗产数字化传播的过程，通过翻阅相关资料，考虑多个方面及因素形成评估模型。

2. 指标选择

传播效果在传播学研究中占有重要的地位。在传播理论研究中，传播效果被定位为传播出去的信息受到关注后，人们的某种行为发生变化，具体来说包括认知、态度、行为三个层面。在此基础上，对于不同层面传播效果的研究，根据所在层面传播者目的的实现和宏观传播综合效果等特性，来具体选择和设定二、三级指标。考虑到理论界对传播效果特点的界定和物质文化遗产数字化传播的特有属性及数据的可获得性，将传播效果评价指标体系分为三个层次。

在数字化技术背景下，受众对物质文化遗产传播内容的认知、态度、行为构成了物质文化遗产数字化传播效果评价指标体系的一级指标。

认知指标。Web2.0时代是分享的时代，社交平台、社会化媒体拓展了受众对信息认知的渠道，同时释放受众的话语权，为获取受众认知情况提供了新的依据。与传统的认知评价方法不同，海量的社会化媒体数据扩充了评价样本，使评价结果能更加及时、准确地反应认知的客观情况。

认知指标衡量物质文化遗产数字化传播方式被受众认知的程度。"接触"是认知的先决条件，关注是受众接触到信息的表现方式。物质文化遗产数字化传播被关注的途径主要是借助于社交平台，通过社会化媒体或是社交互动平台中含有数字化旅游、数字化博物馆相关关键词的信息被点击、被回复、被评论或者被转发。在微博或是微信公众号平台中，微博博主发布的信息或是微信公众号推送的文章会显示在其粉丝页面上，因此发布者所拥有的粉丝数量也反映了信息关注度的情况。衡量其关注度的绝对数值的同时，也要考虑到在其中的用户量所发出的消息，其传播模式在已经使用过的用户中所拥有的信息量。

态度指标。受众对物质文化遗产数字化传播的态度是指导后期工作的核心推动要素，在传播活动开展的过程中处于承上启下的核心环节，态度同时也会成为影响受众传播效果的因素。社会化媒体、社交互动平台为受众表达态度提供了平台，同时也成为态度测量的重要依据。其信息分为正负两个方面，含有正面态度的信息的传播可以帮助物质文化遗产数字化传播方式树立良好的口碑，从而扩大潜在受众，提升传播效果，而含有负面态度的信息的传播则会影响其推广。因此，通过实时的数据采集和分析进行有效的应对和引导，是有效利用社会化媒体的关键。

行为指标。传统来说，受众行为方面的效果评价对象应集中在受众使用物质文化遗产数字化传播手段、下载软件了解其功能等行为，重点评价的是有多少受众开始使用这种传播手段。然而，在社会化媒体的大环境下，引发受众发出行为的因素更加多样，除了认知、态度的表达外，网民对其相关信息的评论、推荐等行为在传统媒介环境下无法实现的，这些行为的产生是社会化媒体下传播效果的重要衡量指标与表现。因此，在这里主要基于社会化媒体平台内部网民互动的情况进行测量，即主要针对信息的二次传播。

3. 物质文化遗产数字化传播评估指标权重确定的方法

影响物质文化遗产数字化传播效果评估的因素很多，现主要针对社交平台中的传播效果评估，各类因素构成一个复杂的系统。可以利用调查问卷来得到相关结论，主观经验判断分析的成分大；同时，从社交平台和物质文化遗产数字化传播平台中得到的客观数据需要采用权重方法进行。

第四节　物质文化遗产的数字化传播策略

一、加强物质文化遗产数字化传播队伍建设

物质文化遗产数字化传播队伍主要有技术研发人员、文物工作人员以及受众。技术研发人员应不断提高数字化研发能力，而且要把研发出的技术与文物的传播活动相结合，实现文物的数字化传播；文物工作人员应该不断提升自己对数字化技术的了解以及使用的能力，掌握基本数字化传播的技能；受众应不断提升自己的物质文化遗产专业素养，积极参与到物质文化遗产数字化传播的过程中，并在社交平台中分享和传播自己的感受与体验，从而实现信息的二次传播。

（一）提升技术研发人员的探索创新能力

信息技术具有大容量存储、高速度计算、多媒体呈现、远距离传输等特点，运用现代信息技术传播文化遗产是一个必要且行之有效的方法。利用计算机图形学、图像处理、虚拟现实、增强现实等信息领域的新技术，结合传统的文物修复与传播工作，将破损文物按原始形状复原出来再现其原貌，是计算机工作者义不容辞的任务，也是时代赋予的历史使命。因此技术研发人员应不断探索新技术，把数字化运用到文化遗产的传播中。在文化遗产传播中引入数字化技术，是文化遗产传播领域的一场技术革命，将改变文化遗产传播的传统技术与手段，甚至会影响文物工作人员的思维方式与工作流程。

很多文化遗产本身是一个整体，按传统的传播方式，应该放在博物馆或景区中展示。但是文物一旦脱离了它原始的环境，便造成了整体观念的分离，对文物本身的特性而言是一种损害。景区或是文化遗产保护机构可以利用多媒体、虚拟现实、增强现实等数字化技术和设备，重造"体验型博物馆"，让游客通过移动终端设备或是可穿戴设备在虚拟的文化遗产空间中漫游，了解文化遗产的整体效果，复原和再现一个全面而完整的意义空间，从而充分发挥文化遗产的教育作

用。在这个过程中就少不了数字化技术研发人员的技术支持。

文化遗产数字化的直接技术包括：文化遗产传播中高保真、全息存取等技术。文化遗产分类、信息化存储、建立资源性的符号库和素材数据库的数字化技术。虚拟博物馆、虚拟文物遗址再现与增强现实文物修复，文化空间与过程的数字模拟及再现技术。利用虚拟技术是对文物所处时代的生活方式、使用方式、消费方式、流通方式、传播方式、传承方式进行再现的技术，文化遗产数字展示与传播的模式和技术。

（二）加强传播主体的传播媒介使用技能

传播媒介是在传播过程中承载信息的物质实体，是插入传播过程之中，用以扩大并延伸信息传送的工具。这里所说的传播媒介主要是指数字化技术下的传播媒介，即移动智能终端设备、可穿戴设备、投影显示设备。

在文化遗产数字化传播的过程中，传播主体分为一级传播主体的文物工作人员、技术研发人员和二级传播主体的受众，这里主要强调的是一级传播主体中的文物工作人员使用媒介的技能。技术研发人员根据文物工作人员所提供的信息，利用计算机编程技术研发出了数字化传播媒介。但数字化传播媒介的使用场景依然是文化遗产景区或是相应博物馆，这些场景内的主要工作人员是文物工作人员，因此文物工作人员首先要学会并熟练掌握数字化传播媒介的技能，以便更好地指导受众。

加强传播主体数字化传播媒介的使用技能可以实现资源优化配置。我国文化遗产领域的人力资源和传播资源分布极不平衡，许多遗产蕴含丰富的地区同时也是人力以及信息资源相当贫乏的地区，如果不改善当地的传播条件，合理利用传播媒介，那么所谓物质文化遗产的传播只能是走过场、空摆设，毫无传播效果可言。相反，在经济发达、媒体密集的城市，信息堆积、信息过剩、信息冗余却无谓地耗费了大量的人力以及媒介资源。技术的发展日新月异，地区与地区之间、阶层与阶层之间的传播效果沟却在变得更宽更深。因此，为了缓解人力资源的欠缺，应加大数字化媒介的分布与使用状况，拓展数字化传播媒介的应用范围以及文物工作人员使用数字化传播媒介的技能，使各地区、各民族、各文化群体能够获得同等的文化遗产信息传播服务以及大体相当的传媒资源，解决人力以及信息资源不足的问题，使得物质文化遗产信息能够在一个四通八达的双行线网络中均衡流通。

数字化技术的运用是时代的要求、受众的需求。在物质文化遗产传播领域也应该顺应时代的发展，合理利用新技术来达到传播的目的。从这个角度来看，文物工作人员应该积极主动地学习数字化传播技术，熟练运用数字化传播技术吸引受众，改变传统文化遗产传播枯燥的刻板印象，吸引更多的受众进入文化遗产数字化传播的过程中。同时，景区文物工作人员熟练快速地运用数字化传播技术可以指导游客掌握数字化技术，及时解决游客在传播过程中遇到的问题，帮助游客解答使用方面的相关问题，给予游客更好的服务，提升用户的体验感与好感度，为信息传播收到良好的反馈以及信息的"二次传播"打下基础。

(三) 培养受众的物质文化遗产专业素养

党中央一直强调历史文化的重要性，在发展当代经济、技术的同时，一个民族不能忘记自己的历史，要以史为鉴，扬长避短、取长补短，在扬弃的过程中不断进步。当前国际的形势已经转变为文化软实力的竞争，民族特色、民族文化是每个国家的人民所要去学习、传承的东西，是一个国家的灵魂。

在当前的形势下，更应该培养人们学习物质文化遗产知识的积极性与主动性，在全社会氛围内营造一种学习的氛围，尤其是对青少年。青少年属于价值观、人生观、世界观形成的重要时期，也是祖国未来的希望，中国梦得以实现的重要力量。使物质文化遗产的教育进入校园，可以为文化遗产的传播提供稳定的场所，通过校园中的教育加强青少年对物质文化遗产所蕴含的信息产生好奇心与求知欲，有利于物质文化遗产数字化传播，改变过去被动接受信息的模式，变被动接收为主动索取。当传统的传承方式在市场经济条件下遭遇到价值取向的冲击时，学校教育成了传承和弘扬民族文化艺术最为有效的方式。

物质文化遗产数字化传播实现了文物的"活态传播"，让文物真的可以自己说话，来讲述其蕴含的历史文化知识。但整个传播过程得以实现是以受众的参与为前提，传播模式建立得目的以及成立的前提是受众的主动参与，如果受众不愿意加入到整个传播过程中，那么传播模式建立的再完美，也没有存在的价值。同时，受众如果具有一定物质文化遗产的相关知识，对整个传播过程中讯息的接受起到更好的效果，在整个传播过程中可以畅游无阻地体验虚拟场景，并潜移默化地接收其中的信息。因此，培养受众接受文化遗产传播的积极性与主动性，建立相关基础知识的储备，是整个传播过程得以实现的前提，也是实现传播目的的关键。

二、加强物质文化遗产数字化传播平台建设

（一）加大财政扶持力度

从国家对文物系统行政资源投入的总体状况来看，近年来各级政府对文物保护事业的认识不断提高，依法将文物保护事业纳入本级国家经济和社会发展规划，将所需经费列入本级财政预算并实现逐年增长。

运用数字化的手段来传播文化遗产，这在一定程度上需要大量的资金来支持此项技术的应用。由于研发难度、人才资源等方面的挑战，导致高新技术的早期应用需要巨大的资金投入。为实现物质文化遗产的活态传播，真正吸引到更多的年轻人加入到文化遗产的传播过程中，需要新技术的支持。这两方面的矛盾就需要国家财政的大力支持，或许国家制定相关政策鼓励有条件的企业扶持文化遗产的数字化传播。资金是文化遗产能否真正实现数字化传播的关键，有资金的支持，技术研发人员会不断研发新技术，克服技术上的各种难题，更重要的是，有了资金的支持，数字化技术才能从实验室真正进入文物系统中，受众才能在博物馆或是遗产景区感受到新技术带来的体验感和趣味性。

同时也应该注意，有些工作实施不起来并非资金投入不够，而是资金相关制度有问题，致使资金使用结构不合理，不利于文物"活"起来。有些景区或是项目，文物系统的中央财政资金投入已经相对领先，但资金机制并不合理，资金使用方式亟待改革。许多遗址，作为中国历史发展的物证意义重大，却很难给普通观众震撼的观赏效果和"形成国家共同意识"的推动力，许多地方在申请国家专项资金后"大肆"建设以展示为目的的楼堂馆所。这种投入与使用方向的不当，

使得有限的财政资金投入的效果不佳。因此，国家在加大文化遗产领域数字化传播建设资金投入的同时，应严格监控资金使用的方向与进度，时刻把握资金的使用方向，确保数字化技术真正落到实处。

(二) 搭建全方位的传播平台

人们以技术充实生活，并达到目的。还可体验世界人们设计出越来越好的方式，以此满足个人和集体的目的。技术强化人类与生俱来的能力，并由此创造价值。物质文化遗产数字化传播技术扩展人们的时空局限，利用数字化技术向人们展示最丰富的体验，当游客处于数字化的空间环境中，在不改变真实感受的前提下，通过增强现实技术和虚拟现实技术的辅助，游客从现实与虚拟中获得混合信息，从而获得对文物更为全面的感知。技术革新的五大特征如下所示：

1. 相对优越性

即技术革新同它要取代的旧观念或旧技术相比，所具有的优越性之程度。构建全方位的物质文化遗产数字化传播平台便是为了实现现实与虚拟的混合，带给游客"拟真"感受，形成有独特真实感的超真实世界。游客在数字化空间中模糊了虚拟与现实的界限，从而在真实与想象之中获得比真实世界更加真实的超真实感知。同时给用户带来愉悦感，愉悦性是指源于环境使用者在环境中的行为、感受与体验。因此环境使用者通过与环境的交互以及对环境意义的探寻两种方式来获得愉悦感，在文化遗产传播过程中，用户能够借助增强现实技术，获得现实中不曾出现的叙事性及故事性信息，从而能够了解文化遗产中潜在的深层意义，在整个传播交互的过程中，用户可以与环境进行多种方式的交互，这便成就了用户在数字化传播过程中愉悦感的获取。其次数字化传播方式可以增强信息传播的力度，传统的传播方式可能无法满足人们对于信息的需求，数字化信息全方位展现文物的自然元素和人文元素，满足人们各种感官获取信息的需求。

2. 相容性

即技术革新与过去的价值观和经验的一致程度。把文化遗产的传播套上数字化技术就是为了更好地让文物活起来、多说话，真正实现在新型城镇化中让文物说话、助力国家强大。数字化的技术革新并没有与价值观相驳，而是更好辅助价值观的传播与形成。

3. 复杂性

即技术革新被理解、被运用的相对难度。随着移动互联网的普及,移动智能终端设备成为人们的贴身之物,走到哪都会拿出移动终端设备娱乐、社交、查阅等等。物质文化遗产数字化传播模式中的移动智能终端设备对于用户来说,技术复杂性相对较弱。可穿戴设备以及投影式设备传播模式中设计的技术是需要技术研发人员以及文物工作人员共同构建,他们把相应的数字化技术安装到固定的场景中供用户使用,用户所做的仅仅是戴上相应的设备,进入到预先设定的场景中即可,根本无复杂性可言。

4. 可分性

即能否将技术革新分解、小规模地试行的程度。目前国内已经有一些博物馆开始使用数字化的传播模式,其传播效果非常显著。而且早期的采纳者可以对后期采纳者起到一定程度的借鉴以及改进的作用,同时可以得知受众对于新技术的接受程度,对后期的传播起到指导作用。

5. 传播可能性

即能将技术革新的结果向他人推广的程度。这里的传播可能性应分为两个层面,即遗产景区以及受众。从景区的角度来说,数字化技术的普及、传播效果的凸显,由于技术所带来的趣味性、体验型等特征,使得越来越多的景区关注到数字化技术并且被采纳。从受众的角度来说,物质文化遗产数字化传播的三种模式都加入了分享的功能,在 Web2.0 这个注重分享与社交的时代,分享成为数字化信息能够实现二次传播的重要一环。

技术革新具有的特征与其采纳率有很大的关系。数字化传播方式一改传统的文字和图片的单调、片面的弊端,取而代之的是全方位、立体化以及趣味性、体验型极强的传播模式,要想实现普及率以及采纳率的提升,各文物景区必须加大数字化传播技术的覆盖面,搭建全方位、立体化的数字化传播平台。"知识沟"理论中强调经济因素也是导致"知识沟"产生的重要一方面,经济因素决定技术的接触程度。在这种情况下,文物工作人员更应搭建全方位的数字化传播平台,弥补某些技术设备的接触程度的差异。物质文化遗产数字化传播的三种模式,除了移动终端设备传播模式需要用户自己拥有移动终端设备以及使用技能之后,另外的两种传播模式只需要用户进入预先搭建的传播空间中,戴上或使用景区自备的设备便可开始整个传播过程,在传播过程中基本上无需用户对技术设备进行操作,只需要在虚拟和现实融合的空间中畅游、感受、体验即可。

(三) 构建平台内部的集成式服务产业链

产业链是指各个产业部门之间基于一定的技术经济关联,并依据特定的逻辑关系和时空布局关系客观形成的链条式关联关系形态。在搭建物质文化遗产数字化传播模式的过程中,进一步建设"智慧旅游"服务,让游客不仅可以利用数字化技术畅游景区、接受信息,同时可以利用信息化技术,把旅游资源进行整合,为广大游客量身定做,提供合适的旅游产品以及服务。它是智慧地球建设的重要组成部分,利用云计算、物联网等新技术,通过移动互联网,借助便携的终端上网设备,主动感知游客各方面信息,并及时提供满足个人的服务与消费需求。利用定位系统,确定游客位置,及时推送周边的服务,包括酒店、餐馆、停车场等的位置和相关简介,在系统内部开通电子商务服务,与景区内的商家进行合作,构建产业运作的调度中心以及公共信息联播平台,真正打造景区内部的集成式服务产业链,促使文化产业转型,产业格局发生变化,激活出符合其自身特点的文化产业产品和市场消费方式。

不仅仅是在景区内部,旅游是关联性产业,目前全国几乎所有的旅游景点、交通干线,基本实现了联通基站的链接覆盖,通信设施遍布全国,为游客、景区提供便利与信息化服务。在游客没有到达景区内部时,便可在移动终端设备中获取到沿线、周边等相关的信息与服务,为游客的旅途提供便利。景区内部应制定"智慧旅游"建设总体方案,围绕景区管理、旅游服务和电子商务三大方面,着力建设智慧旅游景区综合数据中心。通过大数据分析及个人需求,实时调整推送的信息内容,不断满足游客及时的需求。利用数字化的手段实现文化遗产传播给受众带来感官体验的同时,构建集成式服务产业链,解决受众的衣食住行,消除游客的后患之忧,使其全身心地投入到物质文化遗产数字化传播的过程中,更好地实现传播效果。数字化的传播内容，推动了创意经济、新兴文化产业的发展，加速了新媒介学习和娱乐时代的来临。

三、增强物质文化遗产数字化传播效果

传播活动的发起就是为了更好实现预期的传播效果，物质文化遗产的数字化传播，为了更好提升其传播效果，可以从传播主体入手，就传播主体的特征进行优化，以便达到更好的传播效果。文物工作人员应加强对数字化技术的了解与掌握；数字化技术的研发人员应通过后台数据的收集和整理与受众的反馈，开发出更具特色的传播内容；受众应不断提升对传播内容的了解及接受。

（一）提升受众对传播内容的了解与采纳程度

通常认为，符号是信息的载体，是用来指代不同于这个载体的表现形式的特定实物。物质文化遗产虽然是以实物的形式出现，但其传播并不是针对实物表象来进行，更重要的是对其内涵和价值进行传播，内涵与价值的传递就必须依靠语言。语言符号是由音响形象和概念连结而成的两面心理实体，并用能指和所指这两个更为抽象的概念来解释。能指意为语言文字的声音，形象；所指则是语言的意义本身。能指与所指是符号的一体两面，密不可分而又相互对立。

传播建立在符号行为的基础之上，语言是最大的符号系统，言语就是最常见的符号行为。信息的发出和接受经历一系列的符号行为：传播者对符号的选择、组织和表达，受众对符号的认知、解读和反馈。简单来说，就是符号编码和符号解码。但传播者与接受者对符号的把握不尽相同，这会影响他们各自的符号行为，进行影响传播效果。

物质文化遗产的传播是基于物质载体进行的，但其中包含大量的符号，物质载体离不开符号，如果离开了一些具有意义的符号，那么这些物质的孤片也就称不上是物质文化遗产。比如中国历史悠久的玉文化，如果剔除掉附着其上的符号以及符号意义，那么玉仅仅是一种自然界的矿物而已。因此，物质文化遗产中的物质成分是信息载体，离不开其中包含的符号及符号意义，是实物符号与语言符号、图像符号、声音符号、行为符号等等共同组成的物质文化遗产的符号群。因

此，物质文化遗产的传播实际上是符号传播，即使利用数字化技术的传播模式，归根到底还是符号的传播。符号是物质文化遗产传播的基本单元，文化遗产携带的大量信息之所以能够世代传承，有赖于符号的广泛和大量运用。

传播信息实际上是在传播"意义"，而不是传播符号。传播过程实现的主要标志是传播者传出的"意义"。物质文化遗产的数字化传播更是如此。由文物工作人员通过对历史的考究，深入挖掘文化遗产物质实体背后的"意义"，再借助技术研发人员的数字化技术传达给受众。象征性相互交往理论指出，对于信息的传播者和受传者来说，他们肯定都具有共同的意义，即语言的社会性。因此，对于物质文化遗产的数字化传播过程中，传播者与受传者之间必须具有共同的意义，才能增强其传播效果。物质文化遗产"意义"的传播者主要是文物系统的工作人员，他们拥有扎实的历史文化知识，受传者必须努力提升自己的历史文化知识基础，培养自己与传播者共同的意义空间。

虽然，数字化技术可以实现文化遗产全方位、立体化的传播，从文物的文化背景、历史环境等角度全方位展现文物的"意义"，从一定程度减少受众之间"知识沟"的差异。但是再详尽的信息传播都是"意义"的传播，在传播过程中难免会遇到某种符号意义的传播。比如，对文物历史文化背景介绍的时候，不可避免的会涉及到历史人物，每个历史人物都拥有自己的个性与特征，了解历史、知晓人物的特征，对于整个历史环境的解读会起到更好的辅助作用，从而更好达到其预想的传播效果。

目前，物质文化遗产数字化传播的目标受众主要集中在青少年这类人群中，他们是共筑中国梦重要的后备力量，对新技术有着充分的好奇心。因此，提升受众对传播内容的了解，加强历史文化知识底蕴，就应该从学校教育入手。物质文化遗产进课堂、进教材，是我国文化遗产保护和传播可持续发展的根本举措。物质文化遗产的传播以人为本，从娃娃抓起，从校园开始，无疑是行之有效且不得不行的固本之道。从小让孩子学习丰富的历史文化知识，与文化遗产面对面，有利于文化"内功"的有效传递和创造力的交流迸发，有利于帮助年轻一代理解传统文化的深刻内涵，实现物质文化符号能指与所指的整体传播，从而为未来避免"传播效果沟"的出现打下基础。

（二）提高文物工作人员对数字化技术的应用技能

物质文化遗产数字化传播的传播者是文物工作人员和技术研发人员，文物工作人员提供传播符号和符号意义，技术研发人员提供数字化技术，并把信息符号利用计算机编程技术转化成数据，存储到后台数据包中，供传播使用。从物质文化遗产数字化传播模式的搭建角度来说，文物工作人员和技术研发人员作为传播者，必须相互了解，以便搭建更适宜传播的模式。尤其是文物工作人员必须对数字化技术进行深入了解和掌握，这样有助于传播符号的构建。传统的传播符号仅仅是对文物进行简单的年代、出品地、价值等方面文字介绍，或是配以图片辅助介绍，但是数字化技术的运用改变了传统传播的符号，主要以三维立体动画、视频短片的方式进行展示。因此，文物工作人员对数字化技术展示方式要更深入了解，才能构建出适合数字化传播的符号。数字化技术全方位、立体化的展示方式，对文物工作人员的知识储备要求更高，要对某件文物的历史背景、文化环境等方面有深入的了解，而且不能用枯燥的文字表达，要配以趣味性的小故事来传达。对数字化技术的了解可以使得文物工作人员针对数字化技术传播的特点，在对自己知识储备查漏补缺的基础上，构建出适合数字化技术传播的符号及符号意义。

从物质文化遗产数字化传播过程的角度来说，整个物质文化遗产数字化传播过程发生的地方是遗产景区或是博物馆，文物工作人员是管理景区或是博物馆的专业人员，并负责场景内的传播活动，一切数字化技术的场景搭建都是在景区内完成，除了技术人员定时维修或是更新之外，平时的管理以及维护都是景区内的文物工作人员所需要完成的，因此，文物工作人员必须对数字化技术了解并且能够熟练地掌握，对于临时出现的小问题能够及时应对。

物质文化遗产数字化传播的三种模式中，移动终端设备传播模式需要游客操作自己的移动终端设备来完成整个传播活动，只需要把景区内的二维码作为入口，便可进入到技术研发人员设计的 App 软件中，实现整个数字化的传播过程。但是可穿戴设备以及投影式设备需要技术人员在景区或是博物馆内部搭建传播的场景，并且涉及到数字化设备的使用，如智能头盔以及投影设备。受众要想进入到数字化传播场景中，必须要有专业的人员进行指导，从这一点来看，景区工作人员必须加强自身对数字化技术的了解与掌握，为适应新的传播环境，时刻更新自己的知识储备。指导受众使用新技术，解决受众在使用中出现的小问题，对设备可能出现的问题及时进行调整。这样才能消除传播过程中可能出现的障碍，保证受众拥有更好的传播效果。

文物工作人员对数字化技术的掌握可以通过培训或是讲座的方式来实现。首先，可以让技术研发人员定时到景区为景区的工作人员进行相关技术进行介绍，并在景区内实地示范技术的使用方法，有条件的让文物工作人员每个人都亲身学习与掌握技术使用和维护的相关技巧。其次，对于在景区内专门负责数字化传播虚拟场景的文物工作人员，应进行长期专业化的培训，使其熟练掌握与应用数字化传播技术，为之后指导受众使用数字化技术打下坚实的基础，保障受众可以得到更好技术帮助，从而达到更好的传播效果。

（三）完善数字化传播平台的反馈机制

物质文化遗产数字化传播模式中同样具有信息逆向流动的反馈机制，正是由于有了这个反馈机制，才能更好地了解到受众对于整个传播过程的接受程度，以便更好地指导后期传播者的工作，并根据受众的需求及时对传播活动作出调整，增强其整个传播过程的效果。三种数字化传播模式都是网状的传播模式，受众不仅与传播者之间进行信息的互动，在受众之间通过分享以及面对面的人际交流，使得单个的线性传播模式连成整体。受众通过分享不仅可以实现信息的二次传播，同时其社交平台中的交流以及相关的数据，都成为指导后期传播工作有利的资源。目前，更多的用户会按照自己的兴趣、习惯、喜好等因素来自主选择自己所愿意接受的信息。这便是著名的长尾理论。

在物质文化遗产数字化传播的领域，传统的传播方式很少会注意到受众的需求，并没有过多关注受众个人的喜好。但在 Web2.0 到来之后，人们对于信息的多样性以及个性化需求空前膨胀，数据已经成为核心资源以及信息推广的主要依据，信息多元化、个性化促使长尾逐渐变粗。因此，物质文化遗产的数字化传播应积极主动的利用有关数据统计、分析和挖掘技术，冲破传统单向信息独霸地位的老思维，巧妙地运用大数据发掘潜在信息的价值，传播更具有个性化的信息，扩大传播范围，吸引到更多潜在受众，增强其传播效果。

参考文献

[1] 丛振. 丝绸之路游艺文化交流研究［M］. 北京：中国社会科学出版社，2024.03.

[2] 彭兆荣. 文化遗产的人类学研究［M］. 北京：中国社会科学出版社，2024.01.

[3] 严琰. 数字艺术与文旅融合视野下的非遗文化传承研究［M］. 长春：吉林大学出版社，2024.01.

[4] 刘哲. 文创品牌策划与设计新思维［M］. 北京：中国戏剧出版社，2024.01.

[5] 覃海晶，王东. 非物质文化遗产对外传播及翻译研究［M］. 北京：经济科学出版社，2023.12.

[6] 汪欣. 艺术人类学与非物质文化遗产［M］. 北京：中国文联出版社，2023.09.

[7] 龙措吉. 非物质文化遗产与文化创意产业融合发展研究［M］. 重庆：重庆出版社，2023.06.

[8] 达妮莎. 非物质文化遗产的网络传播方式与效果研究［M］. 北京：化学工业出版社，2023.05.

[9] 孙子惠，肖旸宇. 非物质文化遗产的数字化保护与传播［M］. 北京：中国纺织出版社，2023.03.

[10] 李燕，罗日明. 中国非物质文化遗产［M］. 北京：海豚出版社，2023.01.

[11] 张娜娜. 中国非物质文化遗产活态展陈［M］. 合肥：安徽科学技术出版社，2023.01.

[12] 王文章. 非物质文化遗产保护研究［M］. 北京：文化艺术出版社，2022.11.

[13] 尹华光，尹美菊. 非物质文化遗产评价与鉴赏［M］. 长沙：湖南大学出版社，2022.09.

[14] 杨蕾. 非物质文化遗产的传承与设计 [M]. 长春：吉林出版集团股份有限公司，2022.09.

[15] 周耀林，戴旸. 图书情报档案学术丛书非物质文化遗产信息资源分类存储研究 [M]. 武汉：武汉大学出版社，2022.08.

[16] 叶鹏. 中国非物质文化遗产建档保护机制研究 [M]. 北京：中国社会科学出版社，2022.06.

[17] 锅艳玲. 非物质文化遗产的档案价值与开发研究 [M]. 北京：人民出版社，2022.04.

[18] 鞠月. 中国传统工艺与非物质文化遗产的传承研究 [M]. 长春：吉林科学技术出版社，2022.04.

[19] 刘芹. 非物质文化遗产展陈设计策略传统手工艺类 [M]. 上海：上海交通大学出版社，2022.03.

[20] 龙叶先. 非物质文化遗产"生产性保护"的哲学研究 [M]. 北京：人民出版社，2021.11.

[21] 吴楠. 非物质文化遗产与文化生态建设研究 [M]. 郑州：郑州大学出版社，2021.09.

[22] 吴建德. 国产动画与非物质文化遗产的重构与融合 [M]. 北京：新华出版社，2021.07.

[23] 丁虹. 非物质文化遗产数字化研究 [M]. 昆明：云南美术出版社，2021.07.

[24] 陈剑宇. 基于非物质文化遗产保护理念的我国传统音乐传承与发展研究 [M]. 长春：吉林人民出版社，2021.05.

[25] 刘自强，邹积超，王芳. 非物质文化遗产传承与数字时代图书馆功能的扩展研究 [M]. 长春：吉林人民出版社，2021.05.

[26] 徐艺乙. 传承与发展关于非物质文化遗产理论与实践的思考 [M]. 北京：文化艺术出版社，2021.03.

[27] 郑土有. 非物质文化遗产保护沉思录 [M]. 上海：上海远东出版社，2021.03.